U1020120

百科通识文库

49

《旧约》入门

迈克尔·库根 著

张贤勇 陆巍 译

外语教学与研究出版社
北京

京权图字：01-2006-6831

图书在版编目（CIP）数据

《旧约》入门／（英）库根（Coogan, M.）著；张贤勇，陆巍译．-- 北京：外语教学与研究出版社，2015.8（2025.1 重印）
（百科通识文库）
ISBN 978-7-5135-6486-1

Ⅰ．①旧… Ⅱ．①库… ②张… ③陆… Ⅲ．①《圣经》－研究 Ⅳ．①B971

中国版本图书馆 CIP 数据核字（2015）第 198852 号

出 版 人　王 芳
项目策划　姚 虹
责任编辑　周渝毅
封面设计　泽 丹
版式设计　锋 尚
出版发行　外语教学与研究出版社
社　　址　北京市西三环北路19号（100089）
网　　址　https://www.fltrp.com
印　　刷　北京盛通印刷股份有限公司
开　　本　889×1195　1/32
印　　张　6.5
版　　次　2015 年 9 月第 1 版　2025 年 1 月第 5 次印刷
书　　号　ISBN 978-7-5135-6486-1
定　　价　20.00 元

如有图书采购需求，图书内容或印刷装订等问题，侵权、盗版书籍等线索，请拨打以下电话或关注官方服务号：
客服电话：400 898 7008
官方服务号：微信搜索并关注公众号“外研社官方服务号”
外研社购书网址：https://fltrp.tmall.com

物料号：264860001

百科通识文库书目

历史系列：

美国简史
探秘古埃及
古代战争简史
罗马帝国简史
揭秘北欧海盗
日不落帝国兴衰史——盎格鲁－撒克逊时期
日不落帝国兴衰史——中世纪英国
日不落帝国兴衰史——十八世纪英国
日不落帝国兴衰史——十九世纪英国
日不落帝国兴衰史——二十世纪英国

艺术文化系列：

建筑与文化
走近艺术史
走近当代艺术
走近现代艺术
走近世界音乐
神话密钥
埃及神话
文艺复兴简史
文艺复兴时期的艺术
解码畅销小说

自然科学与心理学系列：

- 破解意识之谜
- 密码术的奥秘
- 恐龙探秘
- 情感密码
- 全球灾变与世界末日
- 简析荣格
- 人类进化简史
- 认识宇宙学
- 达尔文与进化论
- 梦的新解
- 弗洛伊德与精神分析
- 时间简史
- 浅论精神病学
- 走出黑暗——人类史前史探秘

政治、哲学与宗教系列：

- 动物权利
- 释迦牟尼：从王子到佛陀
- 死海古卷概说
- 存在主义简论
- 《旧约》入门
- 解读柏拉图
- 读懂莎士比亚
- 世界贸易组织概览
- 《圣经》纵览
- 解读欧陆哲学
- 欧盟概览
- 女权主义简史
- 《新约》入门
- 解读后现代主义
- 解读苏格拉底

目 录

图 目

第一章

旧约是什么?

参观过世界著名博物馆的朋友一定会注意到这样的鲜明对比：古埃及、古叙利亚、古美索不达米亚的展品往往都绚丽华美、琳琅满目，而古以色列的展品通常不起眼，常常踪迹难寻。至少在那些博物馆馆长看来，就艺术水准而言，古代以色列尚处蛮荒。埃及有陵墓神庙、巴比伦有册府芸台和金字庙塔[1]、波斯古都有琉璃砖瓦和宸居宫殿，而古代以色列则没有可以相提并论的事物。

然而，古代以色列却有一件作品流传至今，那就是虽然名称各异、但通常被称为《旧约》的结集文献。由于古

1　金字庙塔原文Ziggurat，指一种金字塔塔形的建筑。外部呈阶梯状。在公元前2200年到公元前500年之间，出现于美索不达米亚地区各个主要城市。在结构上，内部一般用泥砖搭砌，外部用烤砖遮盖。不设内室。底部多为50×50米的正方形或者40×50米的长方形。已知的金字庙塔约有25座，主要为苏美尔、巴比伦和亚述遗物。——译注，下同

代以色列有律法严禁造偶像，所以古代以色列人将其创造力倾注到了文学活动中。当然，在古代近东地区，文学绝非古代以色列人所独有，即便是伟大的文学作品也不例外，而且实际情形恰恰相反。但是，古以色列文学不单流传至今，更成为犹太教和基督教两教的权威经典，它带来的深刻影响和灵感启迪不仅广泽西方世界的虔信者、著作家、艺术家和音乐家，而且无远弗届。

在旧约中保存下来的古代以色列文学作品中，有无数个栩栩如生的人物，他们的故事为后世传诵，《圣经》本身对此也有记载。透过旧约，我们也知晓了立约、戒律、选民、应许之地、君权神授等观念。许多世纪以来，这些观念对宗教信仰、社会价值和政治体制的形成都产生了深远影响。这些人物和观念出现在创世到公元前第一个千年末这一历史时期，那时神的种种活动得到了全盘叙述。

一些人将旧约视为古代以色列民族和早期犹太民族的文学作品选集，其范围与英国文学作品选集类似。像这些英国文学选集一样，旧约辑入的作品不仅在创作时间上早晚相差一千多年，而且同时入选的作品也诸体皆备——神话、历史叙事、先知预言[1]、小说、律法条例、礼仪规范、箴言谚语、赞美诗歌等，旧约中应有尽有。

这些体裁各异的作品都被整合进名为“书卷”（Books）[2]的更大的单元。相对来讲，这些书卷大都独立成章，但有时书卷间的分界较为模糊。例如，《士师记》的开头与《约书亚记》结尾处的叙事相连，中间并无间隔；《撒母耳记上》和《撒母耳记下》、《撒母耳记下》与《列王纪上》，以及其他一些书卷之间，也都有类似情形。此外，各书卷内部常常会出现混合文体。例如，《创世记》的历史叙事中既穿插着或长或短的诗歌，也包括律法规条和礼仪规训。现代学者还在《创世记》中发现了更多的文体，例如37–50章所载有关约瑟的传奇故事、1–11章中的神话、家谱、行程记事、各类清单、讲辞语录等等。由此可见，旧约中的许多书卷，尤其是篇幅较长者，都是各类体裁的合集。

现代学者已经公认，旧约书卷及其构成部分的成书年

1 实际上，先知不单单传讲预言，还包括警告、劝勉和安慰等内容。

2 在目前中国大陆使用最广泛的圣经中文和合译本中，这种“书卷”单元主要有两种译法：“记”（如《创世记》）和“书”（如《传道书》）；《列王纪》、《历代志》、《诗篇》、《箴言》和《雅歌》则为特例。

代并不等同于现在各书卷的编目顺序，因为它们的成书年代各异，时间跨度长达一千多年。因此，旧约与常规的文学作品选集有一处关键差别：旧约中头十多部书卷的编排顺序依据的不是这些书卷及其组成部分的成书年代，而是这些作品所叙之事的年代早晚。这就好比在编辑一本英国文学作品选集时，我们将《失乐园》放在卷首，因为尽管这部史诗是弥尔顿在17世纪创作的，但是诗中的事件却发生于世界初创之时（至少弥尔顿本人这样认为）。接下来其他作品的顺序也都以所述内容的时代背景为依据：先是古希腊，代表作如19世纪诗人丁尼生的《尤利西斯》；其次是古罗马，如16世纪晚期莎士比亚剧作《恺撒大帝》；再次为古代不列颠，如创作自不同时期的亚瑟王传说；之后为中世纪，以13世纪诗人乔叟的《坎特伯雷故事集》为代表；以此类推。

从《创世记》到《列王纪下》，从起初上帝创造天地，一直到公元前6世纪犹太人被掳入巴比伦，旧约[1]的叙事年代顺序是一以贯之的。然而此后[2]，这种叙事年代顺序

1 这里实际上是指旧约的律法书和历史书。
2 此处应指旧约的诗歌智慧书和大小先知书。

便基本废弃了，各部书卷及其构成部分时而沿用、时而跳出这个叙事框架，反复无常。一些旧约书卷的编排依据不是年代早晚，而是篇幅长短，长者在前，短者在后。其他一些宗教经籍也是如此，例如《新约》中的《保罗书信》以及《古兰经》中各章的编排都是前长后短。旧约书卷的排序有时显得随意，比如在晚古时期和中世纪的那些最古老的旧约完整抄本中，书卷的编排顺序往往五花八门。此外，不同的宗教团体排列这些书卷的顺序也不同。

更古老的书卷

旧约中偶尔会提到其他书卷。《民数记》21章14节中节选了一段被认定为出自《耶和华的战记》的诗句。《约书亚记》10章13节和《撒母耳记下》1章18节也引用过古代诗歌集《正义者之书》。《列王纪》和《历代志》各书中也随处可见类似王室官方史乘的文字，其中包括《所罗门记》、《犹大列王记》和《以色列诸王记》[1]。虽然这些古“书卷”一本都没能保存下来，但这些文字表明古以色列的文献远比旧约中选录的数量多。

1 作者在此处将《犹太列王记》和《以色列诸王记》合为一本“The Book of the Kings of Judah and Israel”。请参王上11:41，14:19，14:29等处经文。

人以群分，经随群定

旧约一词通常被解释为基督教圣经的第一部分。然而，在宗教研究中，实际情况往往比表象复杂得多，因此上述定义就略显含混，甚至是失当。

基督教在公元1世纪时还只是犹太教中的若干支系之一，但很快就在信仰和实践上同犹太教渐行渐远，部分原因是由于后来很多非犹太人也成为了基督徒。但正如亲子关系一样，这种关联也不可能完全断裂。早期基督教作者将犹太教经籍奉为权威典籍，那时尚无“新”约，因为新约尚处在创作过程中。《提摩太后书》在提到“圣经”时，称它“都是神所默示的，于教训、督责、使人归正、教导人学义，都是有益的”（提后3:15–16）。此处“圣经”指犹太教的经籍，至少从公元前2世纪初开始，它就包括了三个部分：律法书、先知书和圣录。这三部分对应的希伯来文分别为*Torah*（托拉）、*Neviim*（众先知）和*Ketuvim*（作品集），这三个词的首字母拼在一起，就有了所谓的*Tanak*

（“泰纳克”，亦作*Tanakh*）[1]。犹太人常用“泰纳克”来指代圣经。

托拉是第一部分。托拉一词不仅指“律法”，也指“教训”或“教导”。它包括圣经的头五卷书，起于《创世记》，结以《申命记》。《创世记》开篇记载了创世和大洪水的经过，接着讲述古代以色列人列祖的故事，例如亚伯拉罕和撒拉；以撒和利百加；雅各和利亚、拉结、悉帕、辟拉及其子女。其余的四卷书为《出埃及记》、《利未记》、《民数记》和《申命记》，它们紧接着《创世记》的叙事讲述了出埃及的故事，道出了雅各的后裔如何逃离埃及为奴之地并长途跋涉到应许之地东部边境的原委。与《创世记》中好几世代的历史相比，这四卷书记载的年代要短得多。这几卷书以主要人物摩西的生平为叙事框架：《出埃及记》第二章记载了摩西的出生，而《申命记》的结尾则描述了摩西的去世和安葬。圣经前五卷书中还穿插着数百条上帝颁布的律法，故托拉又被解释为“律法”。

1 在英文中，*Tanak*另有其他拼法。此外，本书中“托拉”（亦作“妥拉”）、“泰纳克”（亦作“塔纳赫”）等译名，如无特别说明，一般遵照周燮藩主编的《犹太教小辞典》（上海辞书出版社，2004）。

犹太教圣经的第二部分是先知书，这部分又分为前先知书和后先知书。前先知书包括《约书亚记》、《士师记》、《撒母耳记》和《列王纪》。这些书卷接着托拉的结尾继续叙述，讲述以色列人在迦南这一应许之地上的历史：摩西的接班人约书亚带领以色列民征服迦南，经过了混乱的以色列列王时期，最后，在公元前6世纪早期，以色列人的国土被巴比伦人占领。后先知书的书卷以各位先知的名字命名，其中包括三部“大”先知书：《以赛亚书》、《耶利米书》、《以西结书》，之所以称为大先知书是因为这些书卷的篇幅较长；此外还有从《何西阿书》到《玛拉基书》的十二“小”先知书；又称篇幅较短的先知书。

犹太教圣经的第三部分是圣录。这部分集合了若干不同体裁的作品，相当于圣经这部大选集中的小选集。其中《诗篇》、《箴言》、《雅歌》和《耶利米哀歌》中载有不同类型的诗歌。《传道书》以及以诗歌为主体的《约伯记》中蕴含着许多对人类处境的思考。《路得记》、《以斯帖记》和《但以理书》等书卷中则包含了历史小说。圣录中也有历史叙事：《历代志》上下两卷内容的年代跨度与托拉和前先知书相同，结尾记载了公元前6世纪下半叶犹太人从巴比伦被掳之地的回归。《以斯拉记》和《尼希米记》讲述了之后犹太人在公元前6世纪末到公元前5世纪的历史。

到公元1世纪末，托拉、先知书和圣录已成为古代犹太教的圣经，它是“宗教经典”，来自于上帝的默示，因而具有特别权威。在今天的犹太人看来，这些才是圣经正宗。现代学者常用“希伯来文圣经”（Hebrew Bible）来指代这三部分经卷，一方面区别于包括新约在内的“基督教圣经”，另一方面则是因为公元2世纪晚期才出现的“旧约”一语似乎有贬义，暗示着犹太教经籍构成的“旧约”已然被之后的“新约”中的著述所取代。然而，“希伯来文圣经”一词本身也是误称，因为有些章节的经文并非希伯来文，而是与之相近的闪米特语系中的亚兰文[1]。

在公元1世纪晚期之前，众多犹太教团体对哪些经卷应列入圣经各持己见。当时托拉和先知书的内容已经确定，但圣录的内容仍有变动。在公元前一二世纪和公元1

1 亚兰文（Aramaic），又译阿拉米文。

世纪——也就是旧约圣经时代结束之际，其他一些犹太宗教文本也已成书，而且对于某些群体来说，这些著作也都是经书。《便西拉智训》[1]就是其中之一。此书原用希伯来文撰写，于公元前200年左右成书，包含了许多箴言和诗歌。公元前2世纪晚期，便西拉之孙将其译成希腊文，并在前言中提到经文分为三部分："律法、先知书和其他书卷"。虽然一些犹太教团体把《便西拉智训》奉为圣经，而且一直到中世纪都对其尊崇备至，但是大体而言，犹太人并未将《便西拉智训》归入"泰纳克"。

正典

正典是指列出权威书卷的正式书目，而确定圣经正典的内容是一个渐进的过程。到公元1世纪末，不同的犹太人团体在哪些书卷应定为圣经的问题上已经相当一致，只是对一些书卷的地位仍有争议。尽管缺乏明文记载，但我们可以从入选正典的若干标准窥见这一过程。标准之一是

1 英文原文为The Wisdom of Ben Sira，亦作Sirach and Ecclesiasticus，又译《德训篇》、《次经传道书》、《耶数智慧书》（或《耶稣智慧书》）等。

该书须以希伯来文（或亚兰文）撰写而成。许多被希腊世界中的犹太人视为圣经的书卷原本以希腊文撰写；或者原著为希伯来文，而广为流传的却是希腊文译本，例如《便西拉智训》。标准之二与成书年代相关：入选正典的书卷的写作年代不能迟于公元前5世纪中叶，即以斯拉的时代，因为以斯拉是最后一位直接受上帝默示的个人。于是，犹太教的权威人士将《但以理书》等也收入正典书目，因为尽管现代学者推断此书写于公元前2世纪，但是根据书中的描述，主人公但以理，甚至还有某些章节的叙述者生活在公元前6世纪。其他一些被现代学者推断为以斯拉时期之后的书卷也是如此。例如《传道书》的写作年代可能不早于公元前4世纪，但它被认为是所罗门之作，而所罗门则是公元前10世纪以色列的国王；同样，《以斯帖记》很可能成书于公元前4世纪，但其叙事背景却是公元前5世纪初叶。而根据作者身份以及书卷内容来看，《便西拉智训》等书卷的成书年代则明显要晚得多。

虽说正典的确定还牵涉到许多其他因素，但最重要的还是著作语言和年代。因此，《犹滴传》、《多比传》、《便西拉智训》、《所罗门智训》、《巴录书》、《马加比书》[1]以及《以斯帖补篇》和《但以理补篇》最终未能收入“泰纳克”正典中。

然而，在犹太教正典化完成之前，基督教就已经初具规模，很快，说希腊语的犹太人和外邦人（Gentile）[2]就成为了基督徒的主体。早期的基督徒像同时代希腊化世界中的某些犹太教信徒一样，也将《便西拉智训》和《犹滴传》奉为圣经，直到欧洲宗教改革之前，这些书卷一直都保存在基督教的正典之中。那时，马丁·路德（1483–1546）及之后的改教家认定只有“希伯来真理”（Hebrew Truth）才应纳入基督教圣经，基督教正典的来源应仅限于“泰纳克”，也就是犹太教的希伯来文圣经中的书卷。早在公元5世纪，伟大的基督教圣经学者耶柔米（Jerome）[3]就曾暗示过这一结论。耶柔米称这些“泰纳克”中没有的书卷为“次经”（Apocrypha），字面意思为“隐藏的书卷”（尽管实际上并未隐藏），与正典书卷相对。即便如此，这些书

1 指《马加比一书》、《马加比二书》；又译《马加比传上》、《马加比传下》。
2 犹太人常以Gentile一词称呼非本民族的人。
3 耶柔米（Jerome），又译哲罗姆。

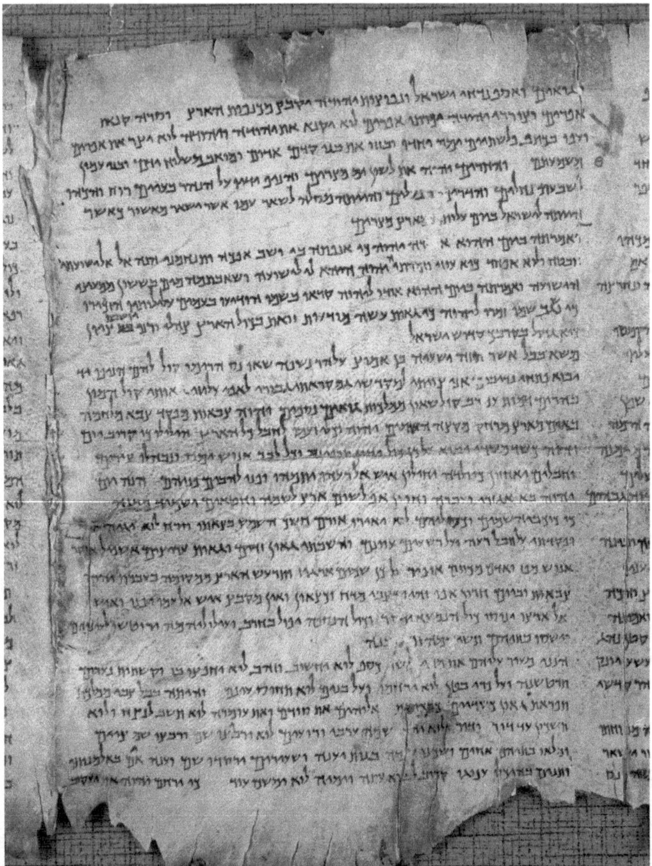

图1 1947年发现的死海古卷中《以赛亚书》的部分段落。此卷抄写于公元前2世纪，是圣经各卷中最古老的完整抄本。这一羊皮轴卷上共写有54列文字，图中这列包括了《以赛亚书》11章12节至14章1节的内容。每列高约10英寸，整部轴卷长约24英尺。

卷仍被天主教徒和大多数东正教基督徒视为正典；因此又被称为“第二正典”（Deuterocanonical），这表明其地位尚有争议性。

另外一个问题则是书卷的排列次序。与前先知书一样，托拉中的书卷也是按叙事年代排列的。然而，一直到中世纪，还有些希伯来文抄本将《路得记》归入前先知书，并置于《士师记》之后，因为《路得记》与《士师记》的时代背景相同。最终，《路得记》被归入圣录。后先知书中各卷的排序也有所不同。每一部篇幅较长的书卷都被清楚地抄写在单独的轴卷上，并且被冠以先知之名，如《以赛亚书》、《耶利米书》和《以西结书》，其排序以各先知出现的年代为依据，偶尔也会变换不同的排序方式。从《何西阿书》到《玛拉基书》的这些书卷被称为小先知书，它们也合写在同一个轴卷上，而各卷的排序也千差万别。圣录中各书卷之间的排序差异就更大了。

早期基督徒认为，整个犹太教圣经讲述的就是一项受上帝启示的、关于弥赛亚降临的计划，这一计划在弥赛亚真正降临之前当然无法真相大白。这点在后先知书中体现得淋漓尽致，所以，在基督教圣经中，后先知书很早就被排在旧约的末尾，紧邻接下来的新约，因为新约被视为前面这些书卷的应验。现代基督教圣经通常会采用这种排序方法，尽管在不少研读版圣经中，先知书和新约之间还有次经。基督教圣经对犹太教圣经的重新排序体现了一种神学逻辑。首先是一段还算连贯的历史叙事，覆盖了从《创世记》至《以斯帖记》的内容（对有些基督徒来说是到《马加比书》）。之后的书卷也按照这一顺序讲述了关于现在的内容，例如与人类处境相关的《约伯记》、《箴言》、《传道书》（以及次经中的《便西拉智训》和《所罗门智训》）、《雅歌》、与祷告有关的赫赫有名的《诗篇》，以及和未来有关的那些先知书。《耶利米哀歌》之所以也被归入先知书，是因为其作者通常被认为是先知耶利米。同样，《但以理书》也被列入先知书，这很可能是因为《但以理书》7章为新约作者所采用[1]；而在犹太教正典中，《耶利米哀歌》和《但以理书》都属于圣录。

“圣经”一词的原义为“书卷”（book），但无论是希伯来文圣经还是基督教旧约，都不是一本书，而是多部书

1 试比较《但以理书》7章9–10节和《马可福音》9章3节、《启示录》1章14节、5章11节等处。

的合集，是从古代以色列和早期犹太人宗教著作中选辑出来的一部文集。宗教群体不同，其文集的版本也不同，名字也各异。犹太教和基督教新教的版本虽然排序不同，但内容完全相同。而天主教和东正教的旧约中，还包括其他权威的犹太教典籍——次经或第二正典。如此一来，正典书目就变得错综复杂。（有关犹太教和基督教各派不同正典目录的对照表，请参见附录）

正典的形成过程给我们以重要启示：和一些天真的看法刚好相反，圣经不是作为一个整体由上帝传给人类的，而是千百年间不同宗教群体领袖在繁多的书卷中进行选择的结果，这些书卷也是千百年来许多作者创作的结晶。

第二章

读经虽难，释义有道

一直到17世纪，犹太人和基督徒对旧约的看法都很简单——旧约是上帝的话语，由文士和书记将上帝口述的话记录下来。尽管这有循环论证的嫌疑，但圣经本身的确可以证明这一点。在《出埃及记》、《利未记》和《民数记》中，许多章节都记载了上帝直接向带领选民出埃及的民族领袖摩西说的话，而且先知的话通常有固定的开场白："耶和华的话临到他们"。

然而，随着现代哲学和现代科学的发展，曾经盛行一时的观点遭到无可挽回的冲击，曾经被奉为圭臬的传统教义受到了方方面面的挑战。研究旧约首先要回答的问题就是：托拉——前五部书卷——究竟是谁所写？

摩西和托拉

早期犹太教认为上帝将整部托拉的内容启示给了摩西，摩西将之记载下来。因此，上帝拥有至高无上的权威，而人类社会中的最高权威则是摩西。这种传统也为新约书卷的作者所接受，他们当中大多数也是犹太人。在引用托拉时，他们将其视为摩西所作。在他们看来，这也正是耶稣的旨意。

但是托拉果真是摩西所作吗？一些中世纪的学者指出了其中的问题。例如《申命记》的末尾有段关于摩西去世和安葬的记载，有人因此质疑这一部分并非摩西所写，但另有学者为此辩护：可能是上帝将这些情景事先启示给了先知摩西，也可能是摩西受命选立的接班人约书亚续写了最后几节。

到17世纪，现代哲学开始兴起，主流观点开始饱受质疑。托马斯·霍布斯、巴吕赫（贝内迪克特）·斯宾诺莎和理查德·西蒙等思想家开启了后来的“批判学”圣经研究。在西蒙看来，批判并不意味着否定（尽管圣经批判学常具否定的一面），而是要摒除来自教义的先入之见。

摆脱先入之见后，思想家们就能够像解读普通书籍那样来诠释托拉和整部圣经，并且通过文体和行文的一致性等因素来判断文本的真实作者。

他们提出的问题之一就是《创世记》中上帝的不同名字和称谓。根据《创世记》4章26节，自亚当时代起，上帝就被称为**耶和华**（*Yahweh*）。而挪亚、亚伯拉罕、以撒和雅各也知道耶和华就是上帝的名字。因此，上帝向亚伯拉罕说话的时候常自称为耶和华，而亚伯拉罕也是这样称呼他。然而，在《出埃及记》6章3节中，当耶和华将自己的名字启示给摩西的时候，他说："我从前向亚伯拉罕、以撒、雅各显现为全能的神，至于我名耶和华，他们未曾知道。"两种说法自相矛盾：到底亚伯拉罕知不知道上帝的圣名是耶和华呢？

另外一个问题就是记载同一事件的经文在细节上有差异。《创世记》开篇就有两种关于创世和造人的记述，两种对洪水事件的不同描述，以及几个不同版本的十诫等等。上帝到底是像《创世记》1章24至26节所记的那样先造百兽而后造人，还是如2章7节及19节所述，造一个人之后才造百兽？在《创世记》6章19节，上帝晓谕挪亚将每种活物各取一对带入方舟，而同卷的7章3节的命令是洁净的活物取七对，不洁净的取一对；在《出埃及记》19章20节，上帝在西奈山上将十诫交付摩西，而根据《申命记》5章2节，这一事件却发生于何烈山上。难以相信这样前后矛盾的作品出自一个伟大的作者之手，无论他是人还是上帝。

还有其他明显的迹象表明圣经的前五部书卷并非摩西手笔。当这些书卷提及摩西的时候采用的是第三人称，也就是说这些文本讲述的是关于摩西的事件，而不是摩西的自述经历。文本中还常常提及摩西过世许久后的时代，如果摩西是作者，那么在时间上就有矛盾。有例为证：《申命记》开篇提到“以下所记的是摩西在约旦河的另一侧……向以色列众人所说的话”。既然摩西死于约旦河东岸，那么这段叙述性的导言就绝非出自摩西本人手笔，而是由摩西之后的某位生活在约旦河西岸的人所写。

以色列上帝的圣名

在全本旧约中，上帝被冠以多种不同的名号和称谓。目前，使用最频繁的是神圣的专有名词——耶和华，出现了近7,000次，在希伯来语中以yhwh标出。在圣经时代，该称谓是极其神圣的，人们极少直呼此名，而是代之以另一个词“主”（希伯来语为*adonay*）。自古以来的各个圣经译本无不遵从这一敬虔的替代称谓。在现代英语译本中，每当需要yhwh一词时，都会以小大写LORD一词标出。由于yhwh不发音，所以我们无从得知这个词的确切读法，但最有可能的是按照学界惯例读作“雅赫维（*Yahweh*）”。

底本假说

17世纪晚期至19世纪晚期的种种问题使学者们得出结论：托拉——或摩西五经（*pentateuch*，源自希腊语，意为“五卷书”）——是一部作品合集。学者们首先注意到《创世记》中上帝的不同名字和称谓，然后就可以在摩西五经中鉴别出各种不同材料来源，每一种都有各自独特的词汇和主题。这种来源分析方法后来得以充分发展，被称为底本假说。这是现代批判学最早期的重要研究成果。

底本假说首先仅仅是一个假说，是对于数据的理论性阐释。它所解释的数据前后矛盾、内容重复、年代错误，诸如此类的细节问题表明材料的作者绝非一个。典型的底本假说会这样解释上述现象：假设有时期不同、作者不同的底本或者来源，它们随后被整合到了一起。学术上把对于摩西五经来源的鉴别和分析称为文学批判（literary criticism），但这种分析与解读文学作品相去甚远，与其称其为文学批判，不如称之为来源批判（sources criticism）。学界在来源的数量、出处和时间等问题上多有歧见。底本假说中最普遍的说法是：在现存旧约摩西五经之中，有四种较早的材料来源，一般以字母来标识。最早的来源是J（这一标注来自上帝圣名的德语拼法*Jahveh*，因为最早提倡该假说的学者多为德国人）。底本J成书于公元前第一个千年早期。该底本开篇（始于创2:4）就将上帝称为耶和华（Jahweh）。在这一底本中，上帝常常亲自与人直接交流。第二个来源为E，这个字母源于希伯来语的“上帝”一词埃洛希姆（*Elohim*）。这一底本为片段式，日期上比J稍晚。在E来源中，上帝在《创世记》中被称为埃洛希姆，他常常通过梦，先知或者天使与人间接交流，而不是亲自显现。按照时间顺序，下一个来源是D，因为该底本绝大部分都只是出现在《申命记》（Deuteronomy）之中。这一部分形成于公元前8世纪晚期至公元前7世纪。最后一个来源是P，对应Priestly一词，这部分成书于公元前500年之前的某一时期，主要关注宗教礼仪和仪式。在P来源和E来源中，《创世记》中的上帝都被称为埃洛希姆，直到《出埃及记》6章中上帝才将自己的名字耶和华启示给摩西。P来源在时间上最晚，同时也是摩西五经的最后编辑者，因此托拉的第一部分——《创世记》1章和结尾的大部分——《申命记》34章都是源自P。

底本假说被认为是对摩西作五经这一教义的背离，也就是对圣经权威的攻击，因此，这一理论屡遭责难，许多早期的支持者都受到谴责并被迫离开教职。然而，这一理论在19世纪末得到新教学者的广泛认同，到20世纪中叶，犹太和天主教学者也与新教学界达成一致。当然，保守派犹太教徒和基督徒仍排斥这一理论。

到20世纪晚期，原先的共识开始四分五裂。学者们开始质疑一些来源的形成时期和真实性，以及来源批判是否有助于理解现有文本。然而，尽管学者大多认为仅凭假说无法阐明摩西五经是如何一步步形成的，但是对于阐释者来说，底本假说仍然是一个必要的起点。从20世纪初开始，其他分析方法也初见端倪。形式批判（Form Criticism）就是其中一种，它考察各来源中的组成部分，

图2　一个展开的银质护身符，出土于耶路撒冷郊区的墓穴。其内容包括一段以古希伯来文书写而成的祭祀文，年代大约为公元前6世纪早期。这段话来自《民数记》6章24-26节："愿耶和华赐福给你保护你。愿耶和华使他的脸光照你，赐恩给你。愿耶和华向你仰脸，赐你平安。"这是现存最早的出现圣经经句的文本。

通过对它们的鉴别和了解，探究来源形成之前的历史。随着人类学和社会学等学科的兴起，其他方法也应运而生。解读圣经的策略方法目前仍在发展，除了名目繁多的批判方法，还有圣经学者所采用的其他各种“主义”——形式批判主义、修订批判主义、（一般意义上的）文学批判主义、正典批判主义、结构主义、后现代主义、女性主义、后殖民主义，令人目不暇接。

底本假说实例

四种来源通常以大段的形式并列出现。不过，这些材料有时也会彼此交织，比如对于埃及瘟疫的记载（出7-11），还有下文摘录的洪水事件（创6-9）。根据底本假说，这段文本只有两个来源。其中J文本（正体）使用“耶和华”（原文为the Lord，希伯来语为yhwh），P文本（斜体）则使用“神”（原文为God，希伯来语为elohim），当然这两个来源还有许多其他细节差异。

当洪水泛滥在地上的时候，挪亚整六百岁。挪亚就同他的妻和儿子、儿妇，都进入方舟，躲避洪水。洁净的畜类和不洁净的畜类，飞鸟并地上一切的昆虫，都是一对一对地，有公有母，到挪亚那里进入方舟，正如神所吩咐挪亚的。过了那七天，洪水泛滥在地上。当挪亚六百岁，二月十七日那一天，大渊的泉源都裂开了，天上的窗户也敞开了。四十昼夜降大雨在

> 地上。正当那日，挪亚和他三个儿子闪、含、雅弗，并挪亚的妻子和三个儿妇，都进入方舟。他们和百兽，各从其类；一切牲畜，各从其类；爬在地上的昆虫，各从其类；一切禽鸟，各从其类，都进入方舟。凡有血肉、有气息的活物，都一对一对地到挪亚那里，进入方舟。凡有血肉进入方舟的，都是有公有母，正如神所吩咐挪亚的。耶和华就把他关在方舟里头。（创7:6–16）

摩西是作者吗？

让我们回到批判学者们提出的第一个问题：托拉的作者是摩西吗？圣经本身就在回答这个问题。《约书亚记》和《列王纪》中多次提到“摩西的律法书”（the book of *torah* of Moses）或“摩西的律法”（the *torah* of Moses）[1]，但根据《约书亚记》8章32节，约书亚能够将整部律法刻在石头上，因而此处的律法不可能是圣经前五卷。然而同一节经文和其他多处都提到摩西本人就是律法书的作者。例如《出埃及记》24章4节提到“摩西将耶和华的命令都写上”，但根据上下文，这命令必是指上帝在《出埃及记》

1 这两个短语直译为“摩西的托拉之书”和“摩西的托拉”，但和合本圣经中没有采用过托拉一词，而是用律法一词，此处遵照和合本的用法。

20章到23章所发出的话语，而不是整部五经。《申命记》末尾同样反复提及摩西所写的“律法书”仅指《申命记》本身，不包括前面四卷《以斯拉记》7章6节。最早提出“摩西的律法”即圣经前五卷，该书卷的时间背景为公元前5世纪中叶，大大晚于摩西所生活的时期。

既然如此，为什么摩西会被认为是旧约第一部分也是最重要的一部分书卷的作者呢？原因之一是托拉后四卷书中最主要的人物就是摩西。此外，在古代世界，将自己的话挂在某位先贤权威名下并不足为奇。大卫、所罗门、苏格拉底和耶稣等古代圣贤，都曾被托名发言或著述。公元前五六世纪，犹太民族从巴比伦回归故里，当他们为信仰和实践问题苦苦挣扎时，摩西的权威赋予这前五卷书一种特殊的地位：它们就是律法，就是摩西本人的教导。

古代对于著作本身的理解也是一方面。在古代，一部著作未必出自作者一人之手，它更像是电脑中的“超文本”，由几个甚至是很多作者来扩展、编辑和修改，这与我们以往的看法大相径庭。这一过程历经数代，在此期间，众多不同视角——也就是底本假说研究五经问题时提出的不同源本和传统——都被保存下来。同整部圣经的编者一样，对于五经最终的编者来说，保存不同来源的材料比维持细节上的统一更为重要。由此可见，在托拉成为神圣的经典之前，它的各个组成部分已经获得了近似正典的地位。最终，这个过程被摩西赋予了权威，因为在人们心中，他是以色列历史上最接近上帝的人。

其他的挑战

现代哲学的兴起，独立批判思想的盛行——例如哲学家伊曼努尔·康德在18世纪末呼吁“从教条的迷梦中醒来”，这些因素都推动了思想的突飞猛进。其中一项成就便是现代科学的崛起。17世纪，作为挑战传统教条的先驱之一的哲学家斯宾诺莎提出质疑，认为摩西并非五经的作者；与他几乎同时代的伽利略·伽利雷则和约翰尼斯·开普勒继承并发展了先前哥白尼提出的太阳系理论。伽利略和开普勒通过科学观察证明了是地球沿轨道绕太阳运行，而不是太阳绕地球动行。这恰恰与圣经作者的观点背道而驰，甚至威胁到圣经记载的准确性。19世纪的地质学和进化生物学的影响也是如此。当自然科学的发展遇到底本假说的兴起，对于信徒来讲，圣经的传统权威就受到了双重挑战。

不过，人们又发现了一处与圣经密切相关的信息来源。19世纪中叶开始，近东的早期人类学家在美索不达米亚（大约相当于现在的伊拉克一带）发现了数万份古代文献，它们大多写在黏土制成的石板上。埃及的文献也在19世纪初被成功破译。现如今，苏美尔人、巴比伦人、亚述人以及其他近东古代民族的若干抄本文献都逐一被发现并很快破解。这些文献常常与圣经直接相关。许多文献中都有神话，例如有神话记载了大洪水，其中很多细节都与《创世记》6章到9章中挪亚的故事相似。此处也有历史性文献，记载了大量从前只存在于圣经中的人物和事件，这些当然不可能证明全部，但足以支持圣经中的一些历史细节。

第三章

旧约与历史

旧约的前十几部书卷——取决于排序方法和书目——在叙述框架上是前后连贯的。首先是《创世记》，其开篇记载了天地之初创和人类之先史，其余部分则记述了以色列的四代先祖，即亚伯拉罕、以撒、雅各以及雅各的12个儿子，以色列12个支派即从这12子而出，到《创世记》的末尾，雅各及其大家族迁往埃及。《创世记》之后的四卷书分别为《出埃及记》、《利未记》、《民数记》和《申命记》，它们在叙述的时间跨度上相对较短，只讲述了以色列民如何在摩西的领导下逃出埃及，并跋涉至应许之地的东部边界，摩西亦在此地去世。之后便是以色列民在应许之地的一段连贯的历史：《约书亚记》描述以色列民如何在约书亚的带领下成功夺取此地；《士师记》讲述以色列民初到此地的岁月；在《撒母耳记上、下》和《列王纪上》的1-11章中，以色列民在扫罗、大卫和所罗门三代君主的统治之下建立了联合王国。《列王纪上》的其余部分和《列王纪下》则回顾所罗门死后，联合王国分裂为北国以色列和南国犹大这段历史。北国的统治最终被亚述所终结，一个多世纪后，南国的政权也为巴比伦所灭。

在启蒙运动之前，上述叙事框架被认为是极具历史意义的，因为在人们看来，这些文字以圣经作者们生活的年代为顺序，他们在上帝的默示下准确地记录了几千年来真实发生过的一切。圣经的一字一句都是真实可信的。

在此背景下，17世纪爱尔兰阿马[1]的主教詹姆士·乌舍尔和其他一些学者利用圣经人物的年龄推测出一些结论：创世发生于公元前4004年；亚伯拉罕生活在公元前1996至公元前1821年等等。这些确切的日期并没有完全得到证实，因为无论是圣经本身还是众多抄本及古代译本，它们所给出的数字时有误差，而且推算年代的方式也不尽

1 英国北爱尔兰阿马郡阿马区的城市，北爱尔兰五座城市之一。

相同。实际上，他们所使用的主要方法与古往今来大多数历史学家所采用的并无二致：在纷纭复杂的历史中选取一个已确知的事件的日期——比如亚历山大大帝死于公元前323年——然后以此为基准前推或回溯。但若缺乏佐证，圣经中的记载还会准确无误吗？

到19世纪晚期，随着天文学、地理学和其他自然科学的发展和各类古代近东文献的出现，我们可以看到：圣经在很多细节和年代上往往不可靠，有时还错得离谱。如此一来，对创世日期的推算自然也站不住脚。此外，《创世记》和之后的若干书卷中对历代先人日期的推测也饱受质疑，这也许是因为书卷中许多人物的寿命都长得出奇，例如玛土撒拉活了969岁，亚伯拉罕175岁，摩西120岁，这显然是天方夜谭。因此，乌舍尔推算出来的年代也不可信。

圣经之外的文本的确可以作为古代以色列后期历史的证据，但是年代追溯得越早，材料就越少。对于《创世记》12章至《申命记》末尾记载的亚伯拉罕直到摩西这段时期，并没有可以提供佐证的材料。之后，从约书亚到扫罗、大卫和所罗门在任的整个联合王国时期，情况也如出一辙。直至北国以色列和南国犹大分裂以后这段时期，才有独立的材料能证明圣经的记载。第一个被同时期的非圣经材料证实的圣经人物是埃及法老示撒，《列王纪上》11章40节曾提及此人，同卷的14章25节也记载了他曾进攻南国犹大。示撒的埃及文为*Seshonq*，他的事迹已被埃及史料证实，其中包括公元前925年对犹大发动的战争。

有关公元前9世纪的史料则多了一些，进入公元前8世纪之后，史料数量激增。因此，公元前第一个千年上半叶的年代确认相对比较可靠，不过也要除去非圣经材料与圣经记载之间、非圣经材料彼此之间的矛盾之处。

进入公元前6世纪之后，应许之地接连被巴比伦、波斯、希腊和罗马帝国所统治。这些帝国都有大量的官方文献，因此这一时期的证据尤为充分。当然，这些帝国所关注的事务远比犹大（后来被称为犹太）这一弹丸之地的事情重要。它们的史料也很少提及犹大地区的人和事。然而，由于圣经反复提到重要的异族统治者们，因此，从公元前5世纪左右起，圣经记载的年代就较为可信了。

铭刻文本

在众多圣经之外的文献来源中，有许多来自以色列和犹大地区的古代铭刻。19世纪中叶以来，考古学家已发掘了数百片公元前第一个千年上半叶的铭刻。近几十年来，古董市场上出现了大量古代铭刻，许多都是现代仿品。真正被挖掘出土的铭刻大多是一些陶器碎片，所记载的内容也像这些碎片本身一样残缺不全。另外还有几块同时期的碑志，少量纸草文献和一些写在其他材料上的文本。大概是由于写在纸草等易腐有机材料上的缘故，未能保存下来的文本应该更多。这些铭刻对于理解古代希伯来世界意义重大，但由于对圣经人物和事件鲜有提及，导致其日期和内容都难以确定。以色列邻邦出土的铭刻也是如此。公元前第一个千年上半叶的铭刻中，有许多来自亚兰（现在的叙利亚）、腓尼基（现在的黎巴嫩），以及约旦谷东部的亚扪、摩押和以东诸国。这些文本也极少谈及包括圣经在内的其他材料中的重要人物和事件，但其中有一个例外，那就是来自摩押的石碑——米沙石碑。

北国以色列和南国犹大历任君王

以色列（联合王国时期）

扫罗（1025-1005）

伊施巴力（1005-1003）

大卫（1005-965）

押沙龙（约975?）

所罗门（965-928）

南国犹大	北国以色列
罗波安（928-911）	耶罗波安一世（928-907）
亚比雅（Abijah）（911-908）	
亚　撒（908-867）	拿　答（907-906）
	巴　沙（906-883）
	以　拉（883-882）
	心　利（882）
	暗　利（882-871）
约沙法（870-846）	亚　哈（871-852）
	亚哈谢（852-851）
约　兰（Joram）（851-843）	约　兰（851-842）
亚哈谢（Jehoahaz）（843-842）	
亚她利雅（842-836）	耶　户（842-814）
约阿施（Joash）（836-798）	
	约哈斯（817-800）
亚玛谢（798-769）	约阿施（**Joash**）（800-784）

乌西雅（Azariah）（785 - 733）	耶罗波安二世（788 - 747）
约　坦（759 - 743）	撒迦利雅（747）
	沙　龙（747）
	米拿现（747 - 737）
	比加辖（737 - 735）
亚哈斯（**Jehoahaz**）（735 - 715）	比　加（735 - 732）
	何细亚（732 - 722）
	亚述征服北国
希西家（715 - 687）	
玛拿西（687 - 642）	
亚　们（641 - 640）	
约西亚（640 - 609）	
约哈斯（609）	
约雅敬（608 - 598）	
约雅斤（597）	
西底家（597 - 586）	
巴比伦征服南国	

说明：所标注的年份是君王统治的大概期限，都是公元前。黑体为非圣经文献中提到的君王。日期重叠表明当时处于共治时期。

摩押王米沙和以色列

米沙石碑生动体现了圣经和非圣经两种材料来源的关系。该石碑是一块3.5英寸高的黑色玄武岩石板，1868年发现于约旦首都安曼以南35英里的小村庄狄本（Diban），现存于巴黎卢浮宫。石碑上的文字是古代摩押文，与希伯来文极为相似，详细记载了公元前9世纪中叶摩押的统治者米沙领导自己的民族战胜以色列的事迹。

这一独特的文本与《列王纪》有许多吻合之处。两者都提到摩押的国王米沙，以色列王暗利及其继承者——圣经中名为亚哈，米沙石碑中未被提及名氏。二者也都记载了摩押和以色列各自信奉的神——基抹和耶和华，都将战争的胜败归于神明的赐福和惩罚，也都提到了共同的习俗——屠城（the ban）[1]，即屠杀所有战败方的百姓，并将其作为祭品献给战胜方的神明。

米沙石碑讲述了在暗利王朝时期，以色列如何压迫摩押，而后摩押在米沙的统治下宣布独立，并且攻占了以色列的城池。《列王纪下》3章5节对此有明文记载：“亚哈死

1 The ban 在此意译为屠城，详情可参考米沙碑文英译的10–12行。

后，摩押王背叛以色列。”反叛过程被详细记述下来，其历史背景是亚哈之子、王位继承者约兰在位时期。据圣经所载，北国以色列、南国犹大和摩押南部邻邦以东结盟，战胜了摩押。然而摩押似乎并未完全被击溃，因为米沙将其子献为燔祭，保住了最重要的一座城池。之后，“以色列人遭遇耶和华的[1]大怒，于是三王离开摩押王，各回本国去了”（王下3:27），这句话颇令人费解。米沙石碑没有明确记载《列王纪下》3章中提到的这次战役，而圣经也只字未提摩押之战中以色列的人员伤亡和领土沦陷。这也许是双方各自的偏袒之辞，描述的是摩押和以色列长期斗争中的不同片段。

由此看来，米沙石碑和圣经是两种独立的材料来源，在一些基本信息上可互为佐证，但内容不尽相同。这无疑缘于双方的政治和宗教立场不同，因此，两种来源都需要解释。

1 此处英文圣经与和合本圣经相差较大。英文圣经中这句话直译为“极大的愤怒临到了以色列人，因此他们撤退了”，和合本中加的“耶和华的”在原文中本没有，和合本译者为了使意思更加明确而加入。

米沙石碑节选

我是狄本人米沙，基抹之子，摩押之王。父王统治摩押三十年，我接续他作王。我为基抹在卡霍（Qarhoh）建筑邱坛……因他曾将我从列王中拯救出来，让我在众敌面前立于不败。

暗利是以色列王，他压迫摩押许多时日，因为基抹的愤怒临到他的土地。当暗利的儿子接续了他的位，他依然说："我也将在我的时日里压迫摩押。"这是他所说的，但是我战胜了他和他的家，以色列已经被永远毁灭……

基抹的话临到我说，"去，从以色列那里抢夺尼波！"所以我晚上过去，与尼波争战，从破晓直到中午。我夺得了尼波，杀了全城的人，因为我已经将他们作为祭献给亚斯他基抹。我从那里带走耶和华的子民，在基抹面前拖着他们。

考古学和圣经

除了各类铭刻，考古学家还发现了其他类型的证据，例如断壁残垣、动物骨头、陶器、工具和其他历经了几千年的各类物品，这些证据被称为"物质文化"。在19世纪下半叶，考古学家发掘出数千处古代以色列遗址，经确认，有许多圣经中提到过的地方，例如耶路撒冷、米吉多、耶利哥、夏琐、拉吉等等。然而，正如米沙石碑一样，这些出土遗址提供的信息很难与圣经记载相吻合，其原因有二：第一，圣经记载本身前后不一，内容有所取舍，观点失之偏颇，对于任何一处遗址，只有当其符合作者意图时才予以提及，而不会告之以来龙去脉；第二，考古证据有其自身特性，即物质文化的缄默性。能在圣经人物事件与一层灰烬或一座古城墙的残存地基之间建立起明确、直接的联系，这种情况屈指可数。遗迹上不会出现“约书亚、大卫或暗利到此一游”的字样，由于没有直接联系，专家只能推断这些出土物质文化的日期，因此时有争论。

以米吉多这一重要遗址为例。该城地处地中海沿岸至东部内陆丘陵的战略要道，从公元前4000年到公元前4世纪，几乎一直被占领。在20世纪，德国、美国和以色列的考古学家在这里发掘出约30层连续的城镇遗址，其中有大规模的防御工事、庙宇、宫殿、排水系统和其他遗迹。20世纪90年代以来，米吉多成为美国和以色列联合考察的重点区域。作为古代以色列最大的城市之一，米吉多的重要性不言而喻，但它在圣经中只出现过十几次，圣经之外的文献也只是零星提到。《约书亚记》记载以色列人战胜了米吉多王，但与此相反，《士师记》却记载以色列玛拿西支派没能把迦南居民从米吉多的领地上驱逐出去，还提到了士师底波拉率领以色列军队在米吉多附近与迦南人交战。此外，公元前7世纪末，埃及法老尼哥（Neco）和南国犹大王约西亚也在米吉多进行过一场大战（王下23:29）。

圣经中提及米吉多次数最多的章节是《列王纪上》9章15节，其中一段暗示所罗门王曾经在米吉多重建过城墙。一战后美国发掘者以此为依据，确定米吉多的一段城墙和城门建于所罗门时代（公元前10世纪），并把城墙内发现的大型建筑物鉴定为马厩，因为《列王纪上》后面的经文提到了战车之城，即军队中战车队驻扎的地方。米吉多的发掘似乎在某一点上证明了圣经的准确性。但是，后续发掘工作和更精细的年代鉴定技术却证明：城墙、城门以及被认为是马厩的大型建筑的建造时期很可能不是所罗门时代，而是一个多世纪后的以色列王亚哈时期。另一方面，尽管圣经和圣经之外的材料都提到亚哈王拥有庞大的战车部队，但尚未证明这些建筑就是战马的马厩。将文献中的只言片语和大量考古发现联系起来的做法一直备受争

图3 向东北角眺望，可见米吉多残存遗址的土堆。它高出平原约100英尺，顶部面积约17英亩。

议。事实上，几乎所有被发掘出来并得到考古确定的遗址都存在类似的问题。

由此可见，考古学不能“证明”圣经的历史真实性。它只是圣经这出戏剧的舞台，为它提供更广阔的文化背景。

越追溯越迷离

虽然证据残缺不全，但当我们把近东文献、圣经、考古数据等各种证据放到一起时，又能拼出一幅概貌图。这就好比一大张游戏拼图，即使丢失了很多碎片，但仍然有足够的碎片可以恢复原图概貌。我们可以拼出第一个千年期间的年代、人物和事件的概况，也就是从公元前10世纪末以色列联合王国的分裂到公元前2世纪的马加比时期。时间还可以再稍稍提前至大卫和所罗门时期，即公元前10世纪以色列第二任和第三任王的在位时期，在此之前的情况我们就无从知晓了。

但是更早的时期又是怎样一番情形呢？从《创世记》到《撒母耳记下》，圣经中提到的所有人物或事件在同期的非圣经文本中毫无对证。摩西五经中只有巴兰曾在较古老的非圣经文献上出现过，据《民数记》22–24章记载，他是一位美索不达米亚的先知，受摩押王雇用去诅咒从埃及奔向应许之地的以色列民。在约旦谷戴尔阿拉（*Deir Alla*）出土的一块石膏上，有一段残缺不全的文本，其中的主要人物就是巴兰，他也是一位先见。然而，尽管这段晦涩的文本证明了巴兰的确声名远扬，但其年代可以追溯到公元前800年，与《民数记》叙述的内容不在同一时代。

另一点值得注意的是，圣经对于较早期的记载十分模糊。虽然埃及法老多次被提及与亚伯拉罕、约瑟和摩西等圣经人物有过往来，但在《创世记》和《出埃及记》中，圣经作者并未提到任何一个法老的名字。因此，即使有完备的古代埃及年表，他们的身份仍然无从确认。古埃及文献也未谈及圣经人物。亚伯拉罕是否真实存在？他生活在什么年代？如果确有其事，出埃及的故事发生在什么时期？对于诸如此类的问题，学者们众说纷纭，莫衷一是。

当然，这并不是说在较早期的记载中就没有真实的历史，只是纷繁复杂的材料就如同一面面透镜，历史经过重重折射后已经难辨真伪。对于圣经中的叙述，我们越是向前追溯，就越远离历史，接近神话。

第四章

神话还是神的话？

从19世纪到20世纪，无数的古代近东文本重见天日，得以破解并被译出，这其中有数万份被鉴定为神话，而含有神话成分的则更多。简单来说，神话就是叙事。希腊语中*mythos*一词的原意即为故事。叙事所采用的文体主要为散文或诗歌，其主角则是众神。虽然有些令人吃惊，但实际上旧约本身就充满了神话因素。

起源神话

所有的宗教都试图解释未知，而神话常常可以提供答案。世界如何形成？人类从何而来？又将走向何处？这一类问题就是起源神话试图回答的。这类神话在古代近东十分常见，其中既有形形色色的神祇，也有对于起源问题的众多解释。一般来讲，一个民族、国家、城市或宗教的主神往往被描述为创世者。创世过程本身常常被描述成生殖行为的结果。例如，一位女神发生性行为后生出了幼发拉底河或大地；一位男性神祇自渎后吞下了自己的精液，之后怀孕并有了后代；另有版本为男性神祇吞下了父亲的睾丸而怀孕。或许盛行的以色列宗教中也有此类露骨的性描写，但圣经对于耶和华的记述中并没有。

古代近东有这样一则流传甚广的创世神话。太初浊水之神与风暴之神进行了一场大战，而后创造了天地。在美索不达米亚神话里，大战的双方是母神提阿玛特（Tiamat）和神祇马尔杜克[1]（Marduk）；在迦南神话中则是海神（Prince Sea）与巴力（Baal）。圣经中也充满了这些广为流传的神话元素。

> 对创世之前宇宙诸神之战最详尽的描写莫过于《埃努玛－埃利什》了。这部史诗又称《巴比伦创世史诗》，是古美索不达米亚的一首颂诗，赞美的是风神和巴比伦主神马尔杜克。
>
> 以下引文描述了马尔杜克与浊水之神提阿玛特之间的大战。

1 和合本圣经译为米罗达，参见耶50:2。

彻墨[1]继而与聪明神武之马独克，单独比斗，酣战不休。

至尊乃布网以掩彻墨，

魔风则尾随之，伺机扬击其面；

当彻墨张口意欲吞噬（马独克）之际，

彼乃鼓策魔风猛进，使其双唇难闭，

众风群起而吹袭其腹，

使其躯体膨胀而其口阔张，

彼即以箭射其腹，

洞穿五内，并裂其心。

彼即一战而胜之，遂了结（彻墨）之生命。

战罢，马尔杜克用提阿玛特的躯体造出天空（圣经用“空气”或“穹苍”等词），并在天上架设众星，月亮和星座。最后，在众神祇帮助下，他用提阿玛特的一位辅神的血液创造了人类，来服侍支持马尔杜克的众神。

《创世记》记载了圣经中人们最耳熟能详的创世故事，虽然其开篇暗示了一场创世之战正在酝酿——一边是

1 译文引用自饶宗颐的《近东开辟史诗》（辽宁教育出版社，1998）。文中把提阿玛特译为彻墨，把马尔杜克译为马独克。——编注

黑暗，藏匿于巨大风暴之云中，停在深渊之上；一边是上帝的灵运行在水面之上（参见创 1:1–2）[1]，但并未描写这场战斗。而关于创世之战的神话却常常在圣经其他地方出现。

以下两节引文摘自《诗篇》，可见圣经作者谙熟天地始于风暴之神与大海之战这一神话：

你曾用能力将海分开，将水中大鱼的头打破。

你曾砸碎鳄鱼的头，把他给旷野的禽兽为食物。

你曾分裂磐石，水便成了溪河，你使长流的江河干了。

白昼属你，黑夜也属你；亮光和日头，是你所预备的。

地的一切疆界是你所立的；夏天和冬天是你所定的。

（诗74:13–17）

你管辖海的狂傲，

波浪翻腾，你就使他平静了。

你打碎了拉哈伯，似乎是已杀的人；

你用有能的膀臂打散了你的仇敌。

天属你，地也属你。

1　原文为“地是空虚混沌。渊面黑暗。神的灵运行在水面上”。在希伯来文中“风”和“灵”是一个词*Ruha*。

> 世界和其中所充满的，都为你所建立。
>
> （诗89:9–11）

在圣经中，原始的海有很多名字，例如深渊、海洋、大河、利维坦[1]、龙或者蛇等，这些名字在非圣经文本中也常用到。其他提法只出现在圣经中，如拉哈伯（Rahab）[2]。同样，以色列的神耶和华常被描绘为暴风之神，他“驾云而行”（诗68:4）[3]——其对手迦南宗教的主神巴力也是如此，以雷为声（诗29:3），在暴风密云中显现（鸿1:3，伯38:1）。

由此可见，以色列人会用古代近东神话中的词汇来形容他们的守护神。《创世记》6-9章中的洪水事件也彰显了这一点。

1 意即海怪，和合本圣经译为鳄鱼。
2 Rahab一词在圣经中有两种含义：一是指耶利哥城中的妓女喇合，一是指《诗篇》89章10节中的海怪拉哈伯。
3 和合本圣经译为“……坐车行过旷野的……”，与此处略有不同。

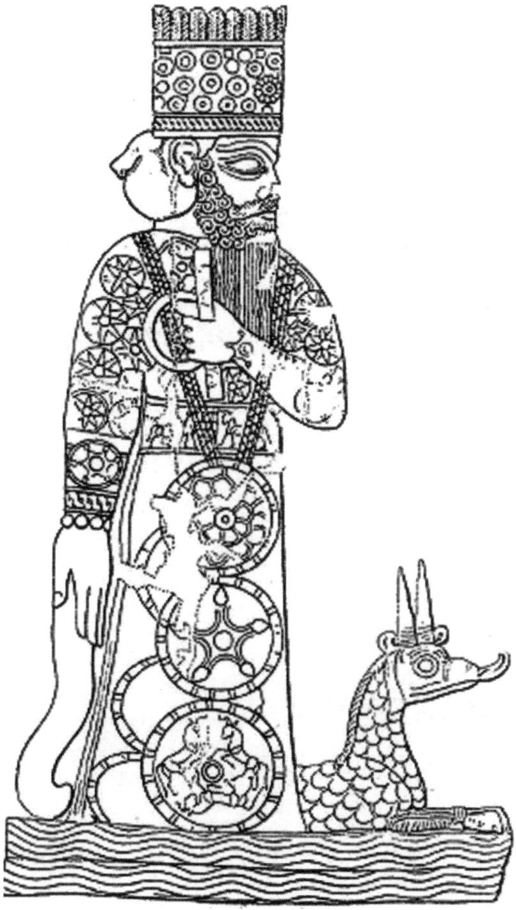

图4　图为公元前9世纪一根圆柱上所刻的巴比伦神明马尔杜克，他以胜利的姿态站在海蛇之上。圣经中称这条蛇为“鳄鱼”[1]，“……鳄鱼，就是那曲行的蛇……”（赛27:1）

1　和合本圣经一般译为鳄鱼，实际上这个词是Leviathan，即利维坦。

大洪水

在美索不达米亚文学中，有各种各样关于神明发动洪水的神话。它们与圣经中挪亚和大洪水的故事大同小异，其情节无外乎主人公及其家人躲进按神明要求造的船中并得以获救，在洪水退却之后，主人公向神明献祭。以下引文摘自《吉尔伽美什》史诗，诗中描绘的洪水故事几乎与圣经中的别无二致。故事的叙述者即洪水故事的主角乌特那庇什提牟，他讲述了自己的船停靠在一座山上的情形：

到了第七天，

我解开鸽子放了出去。

鸽子飞去，又盘旋飞还。

它飞了回来，因为找不到栖息之处。

我解开燕子放了出去。

燕子飞去，又盘旋飞还，

它飞了回来，因为找不到栖息之处。

我解开了大乌鸦放了出去。

乌鸦飞去，看到水势已退。

他觅食，整理羽毛，翘起尾羽，不再回来。

我将一切都放出到四方[1]，献上祭物。

诸神嗅到了香气，

诸神嗅到他们喜爱的香气，

诸神便如苍蝇一般聚集在祭物的周围。

同样，在《创世记》之中，挪亚在洪水之后放出了一次乌鸦，三次鸽子，并向耶和华献祭，“耶和华闻那馨香之气”（创8:21）。这些巧合证明，圣经和非圣经的神话之间存在某种联系，即使它们没有文字上的直接印证，至少也受到某种共同传统的影响。

神话和历史

许多历史文本都含有神话的成分，律法书和其他体裁的文本也是如此。例如，摩押王米沙为纪念公元前9世纪中叶战胜以色列修建了一座纪念碑，碑文记载着守护神基

1 在圣经中four wind常译为四方。参见和合本圣经：耶29:36、但7:2和亚2:6、6:5。

抹如何启示并帮助他。于公元前586年摧毁耶路撒冷的巴比伦王尼布甲尼撒也宣称自己奉神祇马尔杜克之命来守护巴比伦，而一千多年前，他的先王汉谟拉比也曾在法典的序言中如是宣称。王权，这一在今人看来仅代表一种政治体制、一种统治形式的名词，当时却暗含了“君权神授”的神话色彩，即王权来源于上帝，国王由上帝来选择。

古代以色列也有类似观念。据称，以色列的几位君王是耶和华亲自拣选的，而拣选通常以先知为媒介。例如耶和华对大卫说：“你必牧养我的民以色列，作以色列的君”（撒下5:2）。因为耶和华最终被认为有能力荫蔽全世界，所以这类神话式语言也适用于公元前6世纪的波斯王古列，在谈到他时，耶和华说：“他是我的牧人，必成就我所喜悦的”（赛44:28）。

使用神话式语言来赋予王权合法性也许会招来微词，被认为是确保臣民忠于统治者的手段，因为民众不大可能背叛由神明拣选的统治者。然而，这同时也说明了在古代社会，神圣与世俗并不如我们想象中那样泾渭分明。

因此，神话与历史这两种体裁并非毫无交集。历史中有神话，神话中也有历史。这点在圣经前几卷就可见一斑。从《创世记》第一章对宇宙初创的描写，到《列王纪》中对耶路撒冷毁灭的叙述——也就是从《创世记》开篇的神话到以色列先祖的故事，再到以色列民逃出埃及，到达应许之地并在那里繁衍生息，整段笔墨一气呵成，年代连贯并且通常已经过校正。神话的基本要素是以神明为主角，至少在这一点上，这段以耶和华为主角的叙事具有神话的一面。

然而，除了神话成分和复杂的史前史，这些叙事中也有明显的历史成分。《列王纪》详细回顾了公元前10世纪末到公元前6世纪纪北国以色列和南国犹大诸王的历史，以及许多发生在埃及、叙利亚和美索不达米亚等更大背景下的事件。虽然和其他同时代的人一样，大多数圣经作者明白历史是由政治、军事、经济、自然及种种其他力量塑造的，但他们同时也会以更高的视角来看待历史，认为历史是神明与人类的持续互动。对于圣经史学家和先知来说，以色列民的胜利或失败就是上帝赐予的奖赏或惩罚，而惩罚往往更多。

上帝与诸神

圣经作者很清楚大多数民族拜的神并非耶和华，而是他们时常提到的其他神明，如埃及的阿蒙，巴比伦的马尔杜克（亦称巴尔或尼波）和匿甲，迦南谷物之神大衮、风暴之神巴力、瘟疫之神瑞示、死亡之神莫特和女神亚舍拉以及亚斯他录，摩押国之神基抹、亚扪的米勒公和亚兰的哈大。

圣经也经常提到以色列与其邻邦崇拜相同的神。在离开埃及之前，以色列人曾经侍奉过别神（书24:14，结20:5–8），在进入应许之地后依然如此。据称，所罗门王也曾敬奉过亚斯他录、米勒公和基抹（王上11:5–7）。圣经中历史的记录者和先知们反复谴责以色列人不单侍奉耶和华，还敬拜巴力和亚斯他录（士2:13）、美索不达米亚的死亡和复活之神搭模斯（结8:14）、太阳（结8:16，王下23:11）、天后（耶44:17），还有其他邪恶势力如阿撒泄勒（利16:8）和狸狸[1]（赛34:14）。古代以色列铭刻文本也有关于敬奉别神的记载，如许多人名中都含有对神的尊称

1 狸狸，和合本圣经译为“夜间的怪物”。

“巴力”：耶鲁巴力（*Jerubaal*）、以实巴力（*Ishbaal*）、麦利巴力（*Meribaal*）、巴力亚达（*Baalyada*，*Beeliada*），等等。

信奉别神的不只是未蒙光照的外邦人和不忠心的以色列人。纵观整部旧约，耶和华与其他神明有千丝万缕的联系。他好比人间的君王或古代近东的其他神明，主宰着天上的王室，手下有大臣和随从。这一天庭的成员包括众多神祇，即耶和华的天军，或称“天上的万象”，耶和华则是“万象之神”。万象包括基路伯（类似于斯芬克斯的四不像），撒拉弗（可能类似于埃及宗教里带翅膀的毒蛇），后来被称为天使（Angel）[1]的信使，以及其他的天庭活物。天庭的众神统称为“神的众子”，他们就如同耶和华的幕僚，为之献计献策，向其高唱颂歌。可见，耶和华虽为“至高者”，但并非孤家寡人，他是众神集会之首脑，众神皆是他的“圣者”。

众神一再被称为耶和华的侍者，这一点使我们对圣经作者们的观点产生了许多疑问。他们是否认为，即使贵为

1　英文中的Angel一词源于希腊语*Angelos*，意即信使。

"至高者"，耶和华仍是诸神之一？抑或这种对神话的运用只是一种文学手法，正如弥尔顿在《失乐园》中援引缪斯女神来代指古典时代的史诗那样？抑或是一种未经考证的废旧提法，就像我们总是说太阳东升西落，尽管我们了解的要更多？我们发现对耶和华和对古代近东其他神祗的描述有很多相似之处，并且圣经中多次提到以色列民崇拜其他诸神，由此可见，至少早期的那些圣经作者很可能不是严格意义上的一神论者，他们并不全然否定其他神明的存在，只是认为诸神在地位上次于耶和华。因为耶和华是"忌邪的神"（出20:5）[1]，所以只有他可以被崇拜，正如第一诫所说："除了我以外，你不可有别的神"（出20:3）。

到圣经时代晚期，严格的一神论业已形成。人们不再凭字面意义来理解有关别神的内容。然而，一神论本身也存在诸多问题：如何处理早期文本中的多神论？如何解释世界上存在罪恶和苦难？

1 英文直译为"忌妒的神"，这里采用中文和合本译法。

《创世记》6章1–4节是圣经中最为典型的神话故事之一：

当人在世上多起来，又生女儿的时候，神的儿子们看见人的女子美貌，就随意挑选，娶来为妻。耶和华说："人既属乎血气，我的灵就不永远住在他里面，然而他的日子还可到一百二十年。"那时候有伟人在地上。后来神的儿子们和人的女子们交合生子，那就是上古英武有名的人。

同很多古代神话一样，神灵娶了人类的女子为妻后生育了英雄的一代。这段短文并没有再给出其他细节，它很可能是一部完整的神话的片段或摘要。

第五章

出埃及考

典型的近东考古学遗址被称为圆丘。千百年来，人们不断在残垣上修建新城，层层叠加，逐渐形成隆起的土丘。当考古学家挖掘圆丘时，不可能将每一层都挖掘出来。为了解早期遗址的状况，他们会用探针或者声波穿透各层，直达圆丘最底部。在某种意义上，旧约就像一个圆丘，古代以色列的世世代代都在既有基础上为它添砖加瓦。本章也将深入考察其中的一段——《出埃及记》1–15章。

这15章是长篇叙事的一部分，讲述了“以色列的子孙”，即雅各的后代的故事。雅各一名在《创世记》32章28节中被改为以色列。迦南地闹饥荒后，雅各及其子孙迁至埃及，他们在那里饱受迫害，甚至险遭灭族之祸，此时，上帝拯救了他们，于是以色列民在摩西的带领下逃出了埃及。然而，这段叙述框架下的内容却杂乱无章，文体迥异，来源繁杂，漏洞百出。

来源分析

在《出埃及记》1–15章中，我们可以找到底本假说中四个主要来源中的三个：耶和华底本（J）、以罗欣底本（E）和祭司底本（P），与《创世记》和《民数记》的状况类似。每种来源都有其独特的词汇和主题。例如，耶和华在燃烧的荆棘中向摩西显现的地方是一座山，后来耶和华又在这座山上向摩西启示了十诫和其他的律法。在E底本（出3:1）和《申命记》中这座山叫做何烈山（Horeb），而在J底本和P底本（出19开篇）却被称为西奈山（Sinai）。在J底本中，摩西的岳父是流珥（Reuel），而在后面的章节中，E底本（出3:1）却称其为叶忒罗（Jethro）。J底本中的摩西是主角，E底本中的摩西和亚伦平分秋色，而在P底本中亚伦则成了头牌。有一些段落由多个来源的材料拼合而成，所以内容略有重复，对上帝的称呼也不同。《出埃及记》3章7–8节属于J底本，以耶和华来称呼上帝，而接下来的几节属于E底本，其内容相似，但对上帝的称呼却是神（*elohim*）。根据E底本，在《出埃及记》3章15节中上帝向摩西启示了自己的名字，而在P底本中是到6章2节，之后该名字在所有来源的底本中得以通用。

也许因为《出埃及记》由多种原本独立的材料拼合而成，所以通篇叙事时有矛盾。法老下令杀尽男婴，如果摩西躲过此劫是例外，那么亚伦又是如何幸免于难的？又怎么会有60万男性离开埃及呢（出12:37）？如果真有60万男性，那么女性数量应大致相当，而两个接生婆（出1:15）又如何服务于如此庞大的人群？如果摩西由法老的女儿养大（出2:10），他又为何暗示自己在埃及宫廷中没有地位（出3:11）呢？是如E底本所说，耶和华在米甸时就将自己的名字启示给摩西（出3:1），还是如J底本所记载，是在他返回埃及之后（出6:1–2）？来源分析并不是对于矛盾出处的分析，而是要解释这些矛盾**为什么**存在。

形式评注

材料来源的形式和体裁多种多样，包括行程计划、礼仪、律法、家谱、民间传说、诗歌和上帝的显现，它们虽然在长篇叙事中得到整合，但其原本独立的来源仍难以被掩盖。

以《出埃及记》4章24-26节的一段短篇为例：

摩西在路上住宿的地方，耶和华遇见他，想要杀他。西坡拉就拿一块火石，割下他儿子的阳皮，丢在摩西脚前，说："你真是我的血郎了。"这样，耶和华才放了他。西坡拉说："你因割礼就是血郎了。"

这一段令人费解的文字源于J底本，讲述了摩西肩负着告诉法老放走以色列民的使命前往埃及，途中遇到了想杀死摩西的上帝，情况危险难料。在《创世记》32章22–32节，这位上帝又以夜行恶魔的形象出现，正如何西阿所说的"如狮子，又如豹伏在道旁"（何13:7）。

如果要将这一段归类，我们可以称之为"溯源"，即用叙事手段来追溯一个古人熟悉而今人陌生的词的源头，如上文所提到的"血郎"（bridegroom of blood）一词。通过之前的一段叙事，我们明白了"血郎"一词与割礼有关，这可能是因为割礼本应与婚姻或者生育相关，而不是如《创世记》17章所述在出生后施行。当然，摩西本人和他那个匿名的儿子并未受割礼，也许正因如此耶和华才要杀掉摩西。摩西的妻子西坡拉急中生智，使他们幸免于难。她为儿子行了割礼，然后用这块带血的皮肤碰触了摩西的生殖器（“脚”在圣经中是生殖器的委婉语），让耶和华误以为摩西也行了割礼。

“溯源”是摩西五经中的主要体裁之一。它的作用是通过追溯久远的历史来解释日常礼仪、习俗、名字、地貌、血统以及其他其受众所熟知的事物。例如，摩西一名常常被释为双关语：虽然摩西是埃及人名，如埃及有位法老叫做图特摩西（Thutmoses）[1]，但其读音却与一个不大常用的希伯来词很相近，该词意为“（从水里）拉出”（出2:10）。同样，逾越节起源被解释为当耶和华来到时，“越”过了以色列民的房子，使他们免受最后的灾难——杀灭头生之灾（出12:26–27）。以色列民在埃及以东的沙漠中首次停下脚步的地方之所以叫做玛拉（Marah），是

1 图特摩西（Thutmoses），多译为“图特摩斯”。

因为那里的水味道苦（希伯来文中*mar*为“苦涩”之义，出15:23）。

其他分析

女权主义学者认为，西坡拉作为一个女性为儿子行割礼，这本身就非同一般。她的决断让人想起故事中其他女性的事迹，如接生婆施弗拉和普阿阻挠埃及王杀死新生男婴的法令；摩西的母亲和姐姐营救摩西；法老的女儿将摩西抚养成人等等。值得注意的还有米利暗——奇怪的是，她一直被视为亚伦的姐姐，只有极少数章节提到她也是摩西的姐姐（如《民数记》26章59节）。她也是一位先知，曾领导众妇女共唱胜利之歌。“我要向耶和华歌唱，因他大大战胜，将马和骑马的投在海中。”这段唱词是一首长诗的开篇部分，早期被认为是摩西和以色列民所作（出15:1）。会不会整首诗原本是米利暗的作品，而后归到了摩西名下？女权主义学者精当地指出，在圣经和对圣经的阐释中，父权主义一直占据着主导地位，而这些段落正是对于父权主义的有力反击。

另外一种分析法有时被称为正典分析或者情景分析，它针对的是圣经的最终形式，而不是圣经形成的过程。这种分析将上述割礼事件与《出埃及记》11–12章中的第十灾[1]联系在一起。在那场灾难中，耶和华再次变为在夜间杀人的神，而血的记号也再次使人免于死刑，但这一次用的是羔羊的血。推而广之，这种正典或情景分析法也可以把摩西和挪亚联系在一起。在希伯来语中，摩西的母亲为他造的船与《创世记》6–8章中的挪亚方舟是同一个词，圣经中提到该词的仅此两处。与挪亚方舟一样，摩西的船也涂了防水的材料（所涂的材料不同，参见创6:14和出2:3）。于是，叙述者将挪亚和摩西联系起来，前者在大洪水中拯救了人类，后者在大海中拯救了以色列民，他们的获救也预示了《出埃及记》14章中的红海事件。

故事和历史

《创世记》到《列王纪上》出现的所有人物和事件，

1　耶和华在古埃及降临了十场灾祸，第十灾为杀头生之灾。

在圣经之外的任何文本中都没有直接提及，《出埃及记》1–15章也是如此。在浩如烟海的古埃及文本中，从未提到过摩西和亚伦，对大灾难、头生的被杀和法老军队覆没红海等事件也只字未提。然而，正如卡尔·萨根所说，没有证据并不代表证据不存在，至少古埃及有可能像其他古代帝国一样，不把自己的失败记录在案。然而，我们的确无凭无据。

《出埃及记》本身的记载也是模糊不清，令人费解。开始迫害希伯来人（在这些章节中以色列人常被称为希伯来人）的法老是谁？他的继承者——摩西和亚伦所面对的法老——又是谁？这些我们都无从知晓。如果圣经作者给出一个法老的名号，我们至少可以知道他们如何看待所述事件的发生时间。但是，由于没有名号，即使我们假定确有其事，也无法确定其日期。

关于出埃及的日期，目前主要有两派观点。一派认为出埃及发生的时间较早，大约在公元前16世纪，这一观点由来已久，它将出埃及和非埃及血统的喜克索斯（Hyksos）王朝被逐出埃及的事件联系在了一起。这种提法意味着埃及在这一时期直接控制着迦南地区，但《出埃

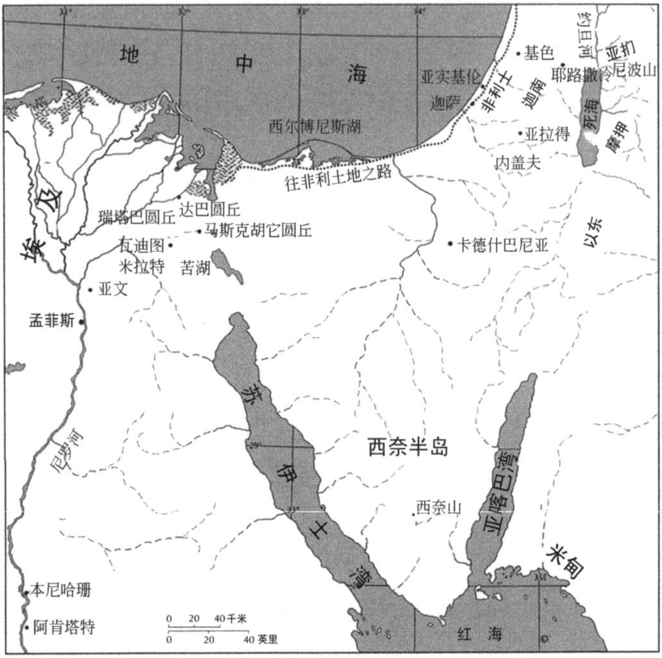

图5 出埃及的地图

及记》后面的《约书亚记》和《士师记》都未曾提到迦南地有埃及的政治力量。现代学者大都认同另一种观点，即出埃及发生于公元前13世纪中期，时值法老拉美西斯二世（Rameses II，公元前1279—前1213）的漫长统治。但这充其量只是一个有根据的猜测，所依据的不过是两类毫无关联的证据。

地理问题也同样不甚清楚。《出埃及记》1–15章中所出现的众多地名得到确认的几率微乎其微。据说由希伯来奴隶建造的比东城（Pithom）和拉美西斯城[1]（Rameses）有可能就是如今的瑞塔巴圆丘（Tell er-Retabah）和达巴圆丘（Tell ed-Dab`a），它们位于尼罗河三角洲东部，也就是《创世记》和《出埃及记》中所记载的希伯来民所在之地。那片以色列民平安穿过、而埃及人被淹没的水域通常译为“红海”。该词的希伯来语*yam suf*可以用来指红海的一个海湾，即亚喀巴湾或埃拉特湾（王上9:26）。然而，*yam suf*的字面意思是“芦苇海”，因此许多学者认为该词并非指红海，而是指尼罗河三角洲与西奈半岛北部之间众多小浅水湖或湿地之一。例证之一就是在“红海事件”中，埃及人乘坐双轮战车追赶徒步逃亡的奴隶时，战车深陷在了泥沼中（出14:24–25）。

故事与神话

学者们曾常常将出埃及前的诸如雹灾、蝗灾、畜疫之

1 拉美西斯城（Rameses），和合本圣经译为“兰塞”。

灾等归诸于自然现象。但是故事的意义就在于说明这些灾难并非自然现象，而是来自超自然的力量——耶和华。例如，在埃及人经受着冰雹、黑暗和牲群大批死去等灾难的时候，以色列人却毫发无损（出9:6, 25–27; 10:23）。换言之，这些事件属于神话。

《出埃及记》的神话因素不只表现在细节上，更体现在整体情节上，即耶和华通过直接干预来掌控一切。摩西（和亚伦）与法老（和他的术士）之间的角逐也是耶和华与埃及众神之间的竞赛，正如耶和华所预言的："要败坏埃及一切的神"（出12:12）——这样看来，耶和华自己似乎（还）不是一神论者。有诗歌为证："耶和华啊，众神之中谁能像你?"（出15:11），这首诗出现在逃出埃及之后，这句反问表明耶和华已证实他超越别神之上。

在讲述过芦苇海的故事时，作者借鉴了流传甚广的说法，即风暴之神战胜了太初海神。风暴之神耶和华从鼻孔中吹出大风（出15:8, 10），打败了他的敌人。但在《出埃及记》的版本中，神话中的敌人不是太初海神，而是法老及其军队，大海只是取得胜利的工具而已。此外，它还暗示着一个更早的神话：在创世之前的战斗中，上帝之风吹退了水，于是水分开，干地就显露出来（比较出14:21和创1:2, 9）。

圣经其他部分对出埃及事件的描述也带有明显的神话色彩。例如，总结这次事件的诗篇写道："以色列出了埃及……沧海看见就奔逃……因见主的面"（诗114:1, 3, 7），正如在古代神话中太初水神蜷缩在风暴之神的面前。《诗篇》77篇也采用了类似的语言：

> 神啊，诸水见你，一见就都惊惶；深渊也都战抖。
>
> 云中倒出水来，天空发出响声，你的箭也飞行四方。
>
> 你的雷声在旋风中，电光照亮世界，大地战抖震动。
>
> 你的道在海中，你的路在大水中，你的脚踪无人知道。
>
> 你曾藉摩西和亚伦的手，引导你的百姓，好像羊群一般。
>
> （诗77:16–20）

后来，公元前6世纪的一位无名先知明确将太初之战与出埃及联系在了一起，从战胜海怪自然过渡到了出埃及：

从前砍碎拉哈伯、
　刺透大鱼的，不是你吗？
使海与深渊的水干涸、
　使海的深处变为赎民经过之路的，不是你吗？

（赛51:9–10）

圣经传统中的出埃及

由于历史证据的匮乏和神话语言的运用，我们难以确定事件的真相。出埃及到底发生过一次还是若干次？成功逃离的是一小群奴隶还是数百万人？这一（系列）事件发生在公元前第二个千年的中期还是更晚？答案我们无从知晓。

出埃及是一次具有典范意义的事件。它在圣经传统中不断上演：以色列民在进入应许之地时穿越约旦河被认为与穿越芦苇海直接相关（书4:23）。之后的公元前6世纪，以色列人结束了巴比伦的流放并回归故土，这被视为是新一次的出埃及(赛43:15–21)。此外，逾越节作为以色列民族——因此也是犹太教——主要宗教节日之一，早期被认为是对出埃及的重现和纪念，虽然它原本也是一个农业节日。

既然出埃及是圣经的一个主题，就不太可能纯属虚构。除却文学和神话的修饰，我们能看到对真实历史事件的回忆。或许是一小群奴隶成功逃出，并将其视为神的救恩。这段历史在歌声中被颂赞，在仪式上被重演，在故事里口耳相传，同时也赋予了他们一种认同感——历经磨难才走到今天。这是一个具有深远影响的事件，让他们知道自己是谁——他们就是耶和华在万民中拣选的“属他的子民”（出19:5）。

由于出埃及的重要性，律法、礼仪、制度和以色列社会的其他方面都与它相关。举例来说，以色列民以遵行十诫来回应上帝的恩典——“我是耶和华你的神，曾将你从埃及地为奴之家领出来”（出20:2）。

《出埃及记》1–15章向我们展示了圣经传统的复杂性。与现代作品的一气呵成不同，圣经文本几乎都是合成体，它们几经修改、变动、注解、剖析、扩展以及其他形式的补充和编辑，同时，后世的作者们也不断为其添砖加瓦。

与此同时，出埃及的故事也说明了历史与神话的彼此交织。对于圣经的作者来说，耶和华就是历史的主角，现代学者也曾用一个非圣经的词——“历史之主”来形容耶和华；一切发生的事最终都是耶和华的作为，而我们面临的挑战就是准确地推测他曾有何种作为，出于何种目的。用更学术的语言来总结就是：历史中有神话因素。

第六章

“遵守我的诫命”
——旧约律法

据《出埃及记》记载，以色列民逃出埃及后就直奔西奈山，历经两个月的艰苦跋涉后到达了目的地。耶和华在那里向他们显现，带着风暴之神的所有特征——“雷轰、闪电和密云”（出19:16）。耶和华与摩西进行对谈后向以色列民颁布了律法。代指摩西五经的“托拉”本身就有“律法”的含义，其主要内容是上帝所颁布的律法。根据早期犹太学者的看法，托拉中的律法共有613条。

这些律法大部分集中在三部主要的法集中。它们与古代近东其他几部已知的律法汇编一样，也常常被称为法典。但法典一语带有误导性，因为这些法集与《查士丁尼法典》或《拿破仑法典》等综合法典不同，也不会用于司法程序。此外，圣经文献集成中的一般性道德准则常收录于圣经的其他部分，例如先知书和箴言。因此，这些法集

图6 刻有《汉谟拉比法典》的石柱上端。《汉谟拉比法典》是圣经以外最为著名的古代法律汇编，其年代可以追溯到公元前18世纪，于1900年在现代伊朗的苏萨（Susa）被发现。右侧的太阳神沙玛士（Shamash）正在将象征王权的权杖交给汉谟拉比王。在浮雕下方的文本中，汉谟拉比讲述众神立自己为王的经过。“让公义遍满土地……让强者不再欺压弱者。”

很可能反映了真实的律例。

这三部法集分别是《出埃及记》20:22–23:19的契约法典、《利未记》17–26的神圣法典，以及《申命记》12–24的申命法典。尽管契约法典和申命法典重叠很多，但二者仍然存在不少细节差异。基于这些异同，我们可以推定古代以色列具备统一的律法传统，但这一传统会因地区和年代而有所变化。

契约法典

律法是一扇窗，透过这扇窗，可以看到一个社会的组织原则、价值观和理想。让我们以契约法典为例来考察一下以色列的律法。契约法典可能是圣经诸种律法汇编中最为古老的，其年代可追溯到公元前第二个千年末期。律法的内容涉及婚姻、财产、奴隶、偷窃、伤人、借贷、作伪证、各种形式的杀人和过失犯罪。穿插在这些民事和刑事条款中的还有宗教义务和禁忌。律法共有两种不同的形式，一种是案例法，往往以条件句开头，例如“若……就……”、“当……的时候，就……”。另一种是像十诫这样的绝对法，它属于一般性的命令或禁令，常以“凡是……都……”、“你们当……”、“不可……”等句式开头。

案例法举例

人若在田间或在葡萄园里放牲畜，任凭牲畜上别人的田里去吃，就必拿自己田间上好的和葡萄园上好的赔还。若点火焚烧荆棘，以致将别人堆积的禾捆，站着的禾稼，或是田园，都烧尽了，那点火的必要赔还。（出22: 5–6）

邻舍的田地或者庄稼被损毁的方式还有很多，在案例法中可能没有提及；也可能案例法只涉及最典型案例，与此同时建立起总的原则：由于疏忽而造成他人损失的要予以赔偿。

这些律法所描绘的主要是乡村式的农业社会。居民生活在房屋中，聚居于村落或者小镇。他们种植的农作物有谷类、葡萄、橄榄，饲养的牲畜包括牛、驴、绵羊、山羊和狗。然而，对于在西奈半岛贫瘠荒野中宿营山脚的逃跑的奴隶来说，这种古今如一的典型的地中海经济却并不适宜。因此，这些律法必然源于以色列民安居在应许之地期间。而且与许多在叙事上联系于西奈山启示的材料一样，这些法集打破了时间顺序，穿插在上下文之中。

契约法典所预设的社会中没有集权型政治组织，与此相对，申命法典中则涉及到了君王（申17:14–20）。尽管在契约法典的希伯来原文中没有明确提及真正的审判官，但司法程序很可能是在地方层级展开。申命法典对这一方面的记载就更为明确。虽然存在集权政府，但很多案件仍然是在地方上解决。《申命记》16章18节明确提出“你要在耶和华你神所赐的各城里，按着各支派设立审判官和官长。他们必按公义的审判判断百姓”。

然而，当一些案件无法得到解决时，例如出现矛盾证词且证据无法支持任何一方，此时则需要向地方的宗教权威提起上诉，宗教权威会用其他方式来裁定。

绝对法举例

打父母的，必要把他治死。拐带人口，或是把人卖了，或是留在他手下，必要把他治死。咒骂父母的，必要把他治死。（出21:15–17）

行邪术的女人，不可容她存活。（出22:18）

不可用山羊羔母的奶煮山羊羔。（出23:19）

价值观

契约法典的律法反映了一个等级分明的社会。在这个社会之中，男性作为丈夫和父亲是一家之主，对于其家庭成员有绝对的权威。男性可以操控女性，尤其是女儿。女儿可以被卖为奴隶，而其价值取决于是否是处女。如果未婚的女儿被人引诱而发生关系，那么引诱者就必须给予其父亲一定的赔偿，所赔偿的实际上就是女孩因为失贞而损失的价值。

奴隶制在该社会中也是被认可的。律法对于如何处置奴隶有严格的规定，有些条款非常专横，例如，奴隶主如果殴打自己的奴隶致其当场死亡的要受到惩罚，而殴打后一两天内才死亡的则免受惩罚（出21:20–21）。有些律法甚至十分残忍，比如奴隶在特定的为奴期间（为奴很可能是一种偿还债务的方式）的孩子在其为奴期满获得自由后仍须归奴隶主所有，如果奴隶不愿离开家人，可以自愿终身为奴（出21:2–6）。另一些规定在我们看来则相对文明，比方如果奴隶被主人虐待了，则主人需要释放这个奴隶（出21:26–27），当然前提是在奴隶制社会。

邻舍关系构成了该社会主要的横向关系（出21:14；22:7–8，10–14，26–27）。正如神圣法典所言："你要爱邻舍如爱自己"[1]（利19:18）。以色列法律中的邻舍意指以色列同胞，不一定是住在附近的人。与邻舍相区别的是陌生人或者（住在本地的）外族人，他们不是这个以色列族群中的正式成员，但仍然拥有一些权利，比如在安息日休息。关于异族人的（和其他法集中关于奴隶的）律法反复提到以色列民在埃及的经历："不可欺压寄居的，因为你们在埃及地作过寄居的，知道寄居的心"（出23:9）。这一规定其实就是在效法上帝：以色列民当纪念在埃及的经历，不单单要体谅那些处境相同的人，还要以上帝待以色列民的方式待他们。因此，神圣法典也命令道："和你们同居的外人，你们要看他如本地人一样，并要爱他如己……"（利19:34）。

先知书中还强调了对于弱势群体的义务。弱势群体包括居民中的外族人，穷人，还有缺少男性保护者的群体——寡妇和无父的。"无父的"常常被译为孤儿，但这

1　和合本译文为"却要爱人如己"。

种译法模糊了父权社会结构，因为圣经律法中孤儿的定义就是没有父亲的儿童。

《出埃及记》中有这样的律例：“打父母的，必要把他治死”，“咒骂父母的，必要把他治死”[1]（出21:15, 17）。“父母”并提突出了母亲的地位，对父权主导的社会或许能起到平衡作用。“打父亲的，必要把他治死”，如此表述在父权社会的环境下倒也在意料之中，但此处的确将母亲也包括了进去。有趣的是，《汉谟拉比法典》中也有类似律法，二者刚好形成对比：“如果儿子打了父亲，应该砍去他的手。”这里只提到了父亲，对母亲只字未提，但惩罚较圣经律法却减轻了许多。

在律法赐予以色列民之后，“约书”就正式生效了（出24:7——“契约法典”一名也由此而来），他们为此举行了一个仪式，以血立约。那么到底什么是“约”呢？

契约和十诫

契约是圣经传统中的核心主题之一。基督教圣经正典

1 为了使中国读者更为明白，此处添加了圣经原文若干。

中的两个部分分别以“旧约”、“新约”[1]为名，足以证明契约的重要性。契约一词的希伯来语是*berit*，它在圣经中出现了约300次。该词本身为法律术语，意思是“合同”。事关国际关系、奴隶所有、婚配嫁娶的协议都要用到“合同”一词。圣经的作者用契约来形容耶和华与以色列之间的关系，这种提法暗含着一层类比，即耶和华是以色列的君王，是以色列的宗主国，拜别神就意味着不忠或背叛。同样，上帝是以色列的主，以色列民族都是上帝之奴，理当听命于其主。此外，先知们还常常将上帝比为以色列的丈夫，二者如夫妻一般不容外人介入，拜别神就如同通奸。值得一提的是，古代近东有各种各样的合同，但以法律模型来描述神明与民族关系的，只有圣经律法而已。

圣经中有若干个人或群体与上帝订立了契约，其中包括挪亚一家及其后裔，亚伯拉罕及其后裔，以及之后的大卫王及其王朝。最重要的契约则是上帝与以色列的西奈山之约。

在古代以色列法典或法集中，最著名的契约或合同

1 原文中的Covenant与Testament 同义，意为“约”。

要数十条诫命（Ten Commandments）了，但它的另一个名称十诫（Decalogue）更接近希伯来圣经中“十言”（ten words）的含义（申4:13）。十诫刻在两块石板[1]上，存放在约柜之中。

十条诫命

我是耶和华你的神，曾将你从埃及地为奴之家领出来。除了我以外，你不可有别的神。

不可为自己雕刻偶像，也不可做什么形像仿佛上天、下地和地底下、水中的百物。不可跪拜那些像；也不可侍奉它，因为我耶和华你的神，是忌邪的神。恨我的，我必追讨他的罪，自父及子，直到三四代；爱我、守我诫命的，我必向他们发慈爱，直到千代。

不可妄称耶和华你神的名；因为妄称耶和华名的，耶和华必不以他为无罪。

当记念安息日，守为圣日。六日要劳碌做你一切的工，但第七日是向耶和华你神当守的安息日。这一日你和你的儿女、仆婢、牲畜，并你城里寄居的客旅，无论何工都不可做，因为六日之内，耶和华造天、地、海和其中的万物，第七日便安

1　和合本译文为“石版”。

> 息，所以耶和华赐福与安息日，定为圣日。
>
> 当孝敬父母，使你的日子在耶和华你神所赐你的地上得以长久。
>
> 不可杀人。
>
> 不可奸淫。
>
> 不可偷盗。
>
> 不可作假见证陷害人。
>
> 不可贪恋人的房屋；也不可贪恋人的妻子、仆婢、牛驴，并他一切所有的。（出20:2–17）

十诫的这一版本出自《出埃及记》20章。圣经中还有另外两个十诫版本。《申命记》5章中的是第二个版本。摩西临终之前，以色列民正准备进入应许之地，此时摩西创作了长篇训诲诗，回顾了以色列民出埃及后40年间的流离失所，并向以色列民重申上帝颁布的律法。然而，这些律法与早先《出埃及记》中的律法略有出入。《出埃及记》版和《申命记》版的十诫约有20处差异，这些差异大多无足轻重，但有一处至关重要，那就是守安息日的原因。在《申命记》中，守安息日是出于人道主义："你的仆婢可以和你一样安息。你也要记念你在埃及地作过奴仆"（申5:14–15）。而在《出埃及记》中则是为了效法上帝："因为六日之内，耶和华造天、地、海和其中的万物，第七日便安息，所以耶和华赐福与安息日，定为圣日"（出20:11）。

《出埃及记》34章11–26节中也有十诫。根据圣经记载，摩西下了西奈山后，发现以色列民正围着一尊金牛犊欢喜雀跃，他气急败坏，失手打碎了上帝亲手写下十诫的两块石板。于是，在惩罚完犯罪者之后，他返回山上，又求得两块石板。但这次拿到的"十言"与之前的相去甚远，其内容都是关于敬拜的合宜与否，因此学者们称这个版本为"礼仪十诫"。

古代以色列的十诫的内容随时间和地点的不同而各异。尽管有差异，但为了将各个版本都保留下来，圣经编纂者专为"礼仪十诫"设计了情节。这些不同版本也反映了不同的材料来源如何整合到圣经的最终版本之中。以《出埃及记》20章里的版本为例。这一版本有其独特的文字发展脉络：起初耶和华以第一人称说话，可能是由于后期文本内容的扩充，在两条诫命之后就转为了第三人称。

同契约法典一样，十诫源自一个父权至上的农业社会。它所面向的是成年男性，他们主宰着包括妻子、儿女、奴隶、牲畜和寄居的外族人在内的大家庭。对于女性，十诫仅是通过“父亲和母亲”的相提并论来暗示其地位并非很低（出20:12）。十诫现在被奉为永恒的道德法典，但这种看法忽略了它原初的背景，也掩盖了一些不当的价值观。十诫分为两个部分，分别规定了以色列民对上帝和对人的义务。第一部分开篇就要求唯独崇拜耶和华，但禁止拜别神并不等于严格的一神论。实际上，诫命承认其他神明的存在，只是禁止以色列民去崇拜。此外，以色列民的崇拜方式与其他民族也有所不同：不可作上帝的像，也不可作其他神明、人物、动物的形象；上帝的专名耶和华也不可用于任何的巫术、魔法和其他非法途径，因为耶和华是不可局限、不可操控的。最后，以色列人将每周的第七日尊为隆重的安息之日，这一习俗在古代近东独一无二，颇有些神秘色彩。

第二部分详细规定了以色列男性对同胞或“邻舍”应尽的义务：要尊重父母，即使他们已经年老；要充分尊重一个人的生命、婚姻、奴隶、法律地位和财产。如果以色列民谨守这些律例，那么他们的“日子在耶和华你神所赐的地上得以长久”（出20:12）。因此，这个契约是有条件的，以色列民能否在应许之地生生不息、繁荣兴旺，取决于他们能否遵行与上帝的约定。

圣经作者并没有区分对上帝的义务和对族群成员的义务。尽管我们可以将宗教义务和刑法、民法、十诫，以及一般性律法区别开来，但这种做法不可取。既然律法为上帝亲授，而上帝又是所有律法的作者，也是宣誓效忠上帝的这个族群的创造者，那么触犯任何一条都是对上帝的冒犯。用神话语言来说就是：“是神用指头写的石版”[1]（出31:18）。

因此，准确地说，上面所提到的各种法集不仅涉及严格意义上的法律事务，也包括宗教义务，其中包括对各类宗教礼仪的详细规定，例如各祭祀和遵守圣日。透过法律和宗教律例的混合，我们看到了圣俗之间的彼此重叠，相互交织。

---

1 和合本译文为“耶和华在西奈山和摩西说完了话，就把两块法版交给他，是神用指头写的石版”。

第七章

以色列——“礼仪”之邦

一些立志要通读圣经的朋友都有这样的体会，从开篇《创世记》到《出埃及记》前半部分读来并不费力，而《出埃及记》后半部分则充满了上帝所立的清规戒律，它们对圣物、圣日、祭司、祭祀以及洁净与不洁净作出规定，令不少读者囿于细节而不前，最终只得作罢。

究其原因，也许是因为负责最后编订摩西五经的人是祭司。古代祭司将这些名目繁多的规定一丝不苟地分别记载下来，并且乐此不疲，这为后代留下了很多记录，其中既包括以色列不同时期的宗教礼仪，也有编者们眼中未来施行礼仪的理想方式。

不单《出埃及记》、《利未记》、《民数记》和《申命记》对各种宗教仪式有着详细记录，纵观整部圣经，关于各类仪式和节日的记载随处可见。每个社会都有这种程式化的行为和仪式来纪念重要时刻。

有些宗教仪式与人生历程有关。圣经中有许多关于出生、成年、结婚以及死亡的礼仪。呱呱落地时有命名仪式，几年过后又有原本可能属于成人礼的割礼。此外还有屡次提到的婚礼，比如《诗篇》45篇就是皇家婚礼的颂歌。然而，圣经对真实的婚礼仪式却鲜有提及。圣经中还有对悼念仪式的记载，包括禁食、象征性的自残、哀悼和下葬。也许是因为此类仪式在家中举行，而编纂礼仪的祭司们对由自己主导的宗教仪式更感兴趣，所以圣经对此类古代以色列仪式只有零星记载。

祭司

圣经所描述的大部分仪式都由各个阶层的祭司主持。祭司阶层都是男性，代代世袭，多个世纪以来其结构一直在变，不变的是祭司只能由利未支派的人来担任，最终则由该支派的分支——亚伦的后代来担任。亚伦是摩西的胞兄，是《出埃及记》中的第一位大祭司。

人类学家将这些祭司称为礼仪专家。同先知、文士等人员一样，祭司也都训练有素，恪尽职守。他们的职责范围甚广，其中最主要的一项就是掌管以色列民每天、每季或不定期的献祭。许多祭品都将分给祭司，这也是他们的主要生活来源。圣经对这些祭品着墨甚多，并根据场合对其加以分类。

有些祭品是为了解决“不洁”的问题。这种“不洁”可能源于某种疾病，因此，祭司有时也是医务人员。祭司们还需要解决一些司法争端，或解读上帝的旨意，尤其是通过占卜来解读。

献祭仪式举例

耶和华对摩西说：“你晓谕以色列人说：‘献平安祭给耶和华的，要从平安祭中取些来奉给耶和华。他亲手献给耶和华的火祭，就是脂油和胸，要带来，好把胸在耶和华面前作摇祭，摇一摇。祭司要把脂油在坛上焚烧，但胸要归亚伦和他的子孙。你们要从平安祭中把右腿作举祭，奉给祭司。亚伦子孙中，献平安祭牲血和脂油的，要得这右腿为分。因为我从以色列人的平安祭中，取了这摇的胸和举的腿，给祭司亚伦和他子孙，作他们从以色列人中所永得的分。’”（利7:28–34）

以色列的节期

古代以色列的三大宗教节日原本都是区域性的庆祝活动，参与者需要赶赴当地的祭坛来庆祝。这些节日对应的希伯来词字面意为“朝圣”（*hag*，该词与阿拉伯语的*hajj*一词有关，指穆斯林去麦加朝圣）。这些节日与农业生产也有关。例如，早春之际有除酵节，此时人们要收割前一年深秋种下的大麦。同一时期还有逾越节，此时则要献上初生的羔羊为祭。除酵节和逾越节分别源于种植和畜牧两种社会经济背景，但这两个节期很早就合二为一了。

逾越节后七周（50天）便是七七节（希伯来语为*Shavuot*），这是古代以色列的第二个节日，时逢冬小麦丰收。这一圣日名为“收割节”（出23:16）或者“初熟之物”[1]（民28:26），后来又被称为“五旬节”，源于希腊语中的“五十”。

农业性节日过后就是“收藏节”（出23:16），时值初秋七月，正是葡萄、橄榄等各种水果收获的日子。这个节

1 初熟之物的英文first fruits在和合本的《民数记》28章26节依然译为七七节，但是在《利未记》2章14节等处被译为初熟之物。

图7　公元前8世纪的陶俑，高约8.5英寸，塑造的是一位正在演奏手鼓的女性，表现了古代以色列女性参与敬拜的方式。

日又称“住棚节”（希伯来语为*Sukkot*），多半因为摘收果子的人——无论是家庭成员还是雇工，都要在田地里的临时建筑中过夜。圣经提到在七月还有“赎罪日”（希伯来语为*Yom Kippur*，利23:27–28, 25:9）。在这个节期中会举行洁净仪式，使圣所、祭司和以色列民为秋收节而做好准备。这一圣日在后来的犹太教传统中占据着十分重要的地位。

了解上述背景后，我们来设想自己身处当地的祭坛，方圆数里的男丁或整个家族齐聚在此庆祝丰收的情景。崇拜者们走向祭坛，唱起颂歌，歌声中还夹杂着待宰绵羊和山羊的咩咩声。众人将祭品交于身着彩色礼服的祭司。祭司燃起献祭的香，香气氤氲，足以掩盖之后宰杀祭牲的腥臭。整个仪式期间颂歌不断，并有各式乐器伴奏。空气中弥漫着欢快的气氛，随着仪式的展开，各种声影气味彼此交织，生动而又嘈杂。

以色列人的节期还有很多，每个节期都有自己的历史。他们有每日的献祭，每周的安息日献祭，还有每个新月出现时的献祭。随着犹太传统的发展，又出现了许多其他的圣日，如冬至时的献殿节（Hanukkah）[1]，该节日纪念的是马加比成功推翻希腊统治并于公元前2世纪再献圣殿。此外还有深冬时分的普珥节，它很可能源于一种巴比伦仪式，后来被吸收进犹太教，最终在圣经的《以斯帖记》中得到确立。

逾越节

纪念出埃及的逾越节是一个重要节日，它向我们展示了古代以色列礼仪的历史是何等复杂。在后圣经时期的犹太传统中，逾越节是在家中庆祝的，《出埃及记》12章3–8节中就有相关描述。然而，根据其他一些文本，逾越节同七七节和住棚节一样，都要在特定的地点集中庆祝，要么在当地的祭坛，要么在耶路撒冷的圣殿。据说在公元前8世纪末希西家王和公元前7世纪约西亚王的统治时期，全以色列的朝圣者都会去耶路撒冷庆祝逾越节。根据新约福音书和其他资料来源记载，公元1世纪时也是如此。

1　献殿节（Hanukkah），又称为“光明节”（Festival of Light）。

逾越节要在春季庆祝，为期一周，始于正月十四（出12:18；利23:5）。以色列人的民事历[1]将一月放在秋季，于是秋季新年也成为了犹太民族的一个圣日——罗施哈沙那（Rosh Hashanah，字面意为“一年的开始”）。由此看来，以色列民的新年有时在春季，有时在秋季。

这一春季圣日的名字颇有渊源。在两种古老的礼仪历法中，它被称为“除酵节”（出23:15, 34:18），与另外两个朝圣的节期相并列。三个节期均与农业生产有关，除酵节是为了庆祝早春大麦的丰收。因此，在这个务农者的节日里，人们把新收的一部分庄稼作为祭物带到当地的祭坛。在稍晚的文本中，除酵节与逾越节（希伯来语为*Pesah*）合二为一，《利未记》23章5–6节记载道：“正月十四日黄昏的时候，是耶和华的逾越节。这月十五日是向耶和华守的无酵节，你们要吃无酵饼七日。”而在合并前，逾越节的主要仪式是宰杀羔羊，很可能是牧民的节日。

*Pesah*一词的核心含义可能是“保护”。春季宰羔羊献祭是为了请求上帝保护羊群及其所有者。然而，该词可

1 以色列人使用两种历法：一是宗教历，依天体运行而制定；二是民事历，依农业生产而制定。

能还有一层含义，这便是“逾越”。以色列民将羔羊的血涂在门框上，当耶和华穿过埃及地时就会“越过”他们的房子。

第二层含义也说明了合并的除酵节和逾越节是如何与出埃及联系起来的。然而，其联系方式因资料来源不同而各异。最早的礼仪历法仅仅提到日期——“你要守除酵节，照我所吩咐你的，在亚笔月内所定的日期吃无酵饼七天，因为你是这亚笔月内出了埃及”（出34:18）。另一处文本不仅提到年代，还提出了吃无酵饼是因为以色列人在逃离埃及时非常匆忙，面团都来不及发酵（出12:39）。本来从饼中除酵是为了使其免受旧酵母的污染，旧酵母指的就是老面团。这种饼又称为“困苦饼”——“因为你本是急忙出了埃及地”（申16:3）。同样，羔羊作为头生的替代品又与击杀埃及头生联系在了一起，作为祭品的以撒的故事（创22）和礼仪十诫中（出34:18–19）都有相关记载。

可见，除酵节和逾越节原本是两个独立的节期，在很早就合二为一，并且都与出埃及相联系。这种联系随着逾越节仪式的发展而得以在犹太传统中持续下去。例如，现代典型的逾越节晚宴上一定有甜酱（*haroset*）和青菜

（*karpas*）。甜酱由多种水果、果仁和香料制成，代表以色列民为奴时用来砌砖的泥浆；青菜则是浸于盐水中的芹菜，用来纪念他们的苦役。

原本的不只有季节性节日与出埃及所发生的这种联系，也见于七七节和住棚节这两个朝圣节日。在早期的圣经文本中，它们仅是农业性的节日，“在收割初熟麦子的时候要守七七节，又在年底要守收藏节”（出34:22）。而在后圣经时代的犹太传统中，七七节却变成了纪念西奈山颁赐律法的节日。即便在圣经时代尚未完结之时，秋收时的收藏节，也就是住棚节，让人想起以色列民出埃及后在旷野流浪的40年间所住过的临时建筑（利23:42）。

根据《出埃及记》12章43–49节，只有受过割礼的以色列民才能参与逾越节。外邦人和奴隶如果要参加就必须先受割礼。然而逾越节原本是全家均可参与的，如此规定似乎有悖初衷，但后来它成为了全国性朝圣节日，且仅限男性参加，于是这一规定也就名正言顺了。不仅如此，《民数记》还加了一条，就是礼仪上的“洁净”，圣经律法中始终贯穿着这一概念。

洁净与不洁

《民数记》9章10–13节规定，不能在指定时间庆祝逾越节的人要在一个月之后补过。推迟的原因主要有二：一是此人当时在旅行途中；二是此人接触了尸体。接触尸体将导致不洁，因此大祭司是不允许接触尸体的，即使去世的是他的家人。《利未记》和《民数记》中有许多区分洁净与不洁的条款[1]。人、动物、房屋、衣服和食物等也由此被分为了两种截然不同的状况：只有洁净的方可在仪式上出现，否则就要被排除在外。

关于这种区分的起源并无定论。某些关于不洁的规定可能反映出人们对于传染病的警觉，如皮肤病或者非自然的身体分泌物都会使一个人不洁，此人也会因此被隔离。直到祭司证实其已变得洁净，并且已按要求献上祭品，隔离才会结束。其他关于不洁的规定则与一些原始禁忌有关，尤其是性和死亡。遗精、月经、生产都会使人不洁，其影响与接触死人或者死去的兽类是一样的。

1 洁净和不洁的英文分别是：purity（cleanness）和impurity（uncleanness）。原书作者认为cleanness和uncleanness为误译。

食物也有洁净与不洁之分。饮食是一种文化的符号之一。也许正因如此，一些文化会禁食某些食物，例如猪肉。其他的禁忌可能是为了维持秩序感，例如一块地不允许播种不同类的种子；亚麻和羊毛不能出现在同一件织物上。

如此一来，一个触及生活方方面面的系统就形成了。这个系统由祭司阶层来掌控，他们决定一个人是否已变洁净，作为报偿，他们会得到献祭中的部分祭品。

圣咏

圣经的叙事性书卷中穿插着十几首诗歌。米利暗和众妇女在逃出埃及后咏唱的[1]是胜利之歌；大卫在其密友死后吟诵的[2]是哀悼之歌；还有一些是祈求上帝谅解的祈祷等。

叙事书卷中的一些诗歌和《诗篇》中的相同。《诗篇》是圣经中最长的书卷，因此内容也最庞杂。它实际是古代

1 出自《出埃及记》15章21节。
2 出自《撒母耳记下》1章17节。

以色列的诗歌总集，涵盖了源自不同祭坛、不同时期的诗歌，并于圣经时代晚期结集成册。其中诗歌的种类和体裁有十余种，每首可能都有配乐。个人哀歌最为常见，它所表达的是主人公怀着祷告必蒙垂听的信念向上帝求助，以及祷告得蒙垂听时的感激之情。个人哀歌由不同的部分组成，表达的内容有信任和感谢等，这些部分都可以独立成章。《诗篇》中还有集体哀歌和颂歌，它们赞颂了耶和华，创造主和以色列的救赎者。《诗篇》中大部分内容都不可考，这也增加了确定日期的难度。也正因如此，这些诗篇不断被各个时代的犹太人和基督徒用于敬拜上帝。

第八章

先知有话要说

圣经中，有许多被称为先知的人，还有约15部以先知名字命名的书卷。现代英语中的先知通常指可以预见未来的人。但这只是先知预言的一层含义，实际上，先知的首要角色是上帝与人之间的中保。正因如此，尽管摩西不是可以预见未来的人，但他却是圣经中最伟大的先知。古代犹太教的旁支对先知的理解也大致相同：在基督教中，摩西和耶稣都是先知；在伊斯兰教中，摩西、耶稣和穆罕默德是先知。这些元老级先知的主要作用并非预言，而是向其门徒转述上帝的话。

下面这段关于先知的隐喻就体现了这层含义：

耶和华对摩西说："我使你在法老面前代替神，你的哥哥亚伦是替你说话的（先知）。凡我所吩咐你的，你都要说。你的哥哥亚伦要对法老说，容以色列人出他的地。"（出7:1–2）

在这个类比关系中，摩西就好比上帝，而亚伦则是他的代言人或先知，法老是听众。由此可见，先知起着中间人的作用。先知一词源自希腊语，意为传话的人，确切地讲是神明的代言者。

辨明神意

几乎所有前科学时代的人们——有些现代人也不例外，都认为许多事件是由宇宙的某种支配力量所引起的。因此，在他们看来，地震、饥荒和干旱不是自然灾害，而是超自然现象，是由某位或某些神明发起的。梦境、天体运动，甚至云的形状、鸟群的队形等一些看似随机的现象也被认为与神明有关。对于解释这类现象的行为，我们有个很适当的名字——占卜。

在公元前6世纪早期，巴比伦王尼布甲尼撒准备进攻耶路撒冷，《以西结书》中有这样一段话来描述这位巴比伦王：

因为巴比伦王站在岔路那里，在两条路口上要占卜。他

摇签（原文作“箭”）求问神像，察看牺牲的肝。在右手中拿着为耶路撒冷占卜的签。（结21:21–22）

尼布甲尼撒似乎在想方设法求神明给予军事策略上的指导。以色列君王也会通过先知或其他方式求问上帝可否进行战斗。美索不达米亚曾出土数千个泥塑动物肝脏，上面铭刻着解释卜筮的方法。这些铭刻的文本名为预兆文本，它们的出现解释了上文中的“察看牺牲的肝”。圣经中尼布甲尼撒还用过其他的占卜方式。例如先知以利沙多次用箭来预测王的胜利（王下13:14–19）。圣经中还常常提到掷签，相当于现在的抽签和掷硬币，此外还有利用诸如以弗得和神像等神秘物品的占卜。任何占卜形式都有宗教层面。比如耶和华藉由“梦、乌陵（类似骰子的器具，配合以弗得来使用）和先知来回应众人”（撒上28:6）；掷签被用来解决争端（箴18:18）。

由于占卜过程和现象不易理解，因此绝大多数古代社会都有一些男女来对其进行解释，他们被同时代的人认为具有特殊的，甚至是神赐的洞察力，在许多现代社会也是如此。从手相师、算命师、巫师，到受神灵启示的预言者或先知，人们从事的占卜活动多种多样。

有关先知的记载尤其多，很多不同时期的古代近东文本都有涉及。这些文本有的来自幼发拉底河北部的马里[1]古城，年代可追溯到公元前第二个千年初期；有的源自公元前第一个千年上半叶的亚述；有的则散布于勒万特（Levant）[2]地区，年代贯穿了公元前的两个千年。由此可见，预言现象在当时是极其普遍的。圣经作者还提到了邻邦的先知，如被摩押王雇来诅咒以色列民的美索不达米亚北部先知巴兰（民22–24），以及迦南神明巴力及其妻子女神亚舍拉手下的众先知（王上18:19）。预言起初也许会被认为是圣经独有的现象，是独一真神给予其选民的启示。然而，圣经本身的记载却告诉我们情况并非如此。

当然，圣经对这些先知的描述最为详尽，因为无论对于圣经作者还是圣经的受众，甚至是对于整个古代以色列社会，先知和预言都至关重要。旧约中被提及姓名的先知有几十位，其中有男有女，无名先知则更多。和在其他古

1 马里，1930年间发现的一座苏美尔古城，位于叙利亚境内幼发拉底河西岸。
2 勒万特（Levant），地中海东部沿岸诸国家和岛屿，包括叙利亚、黎巴嫩等在内的自希腊至埃及的地区。

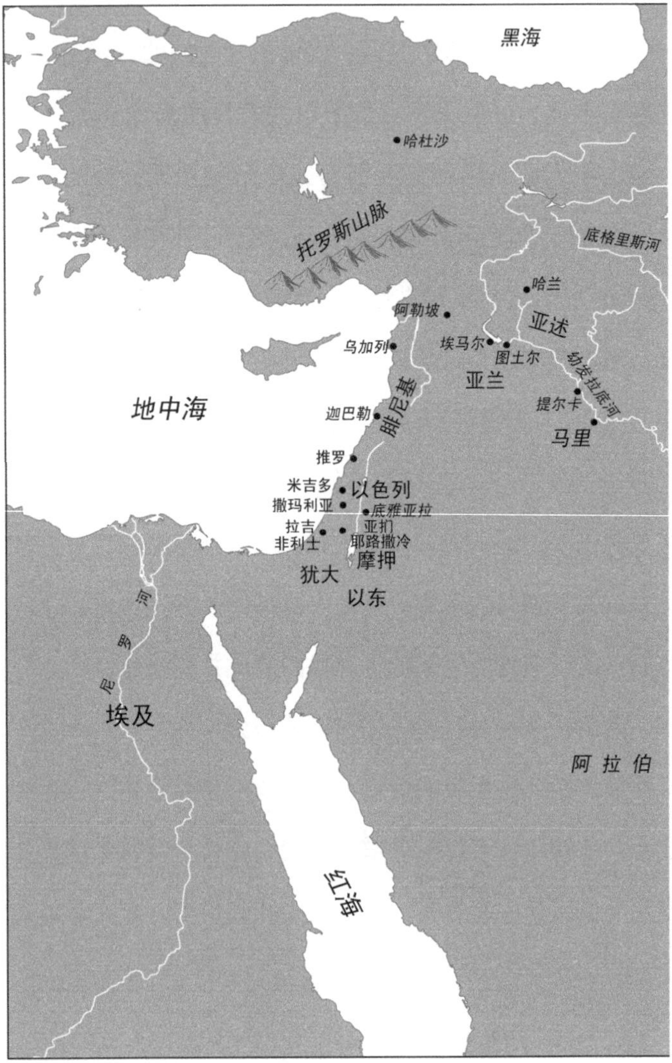

图8　古代近东的地图，用斜体标出的是先知所在的城市。

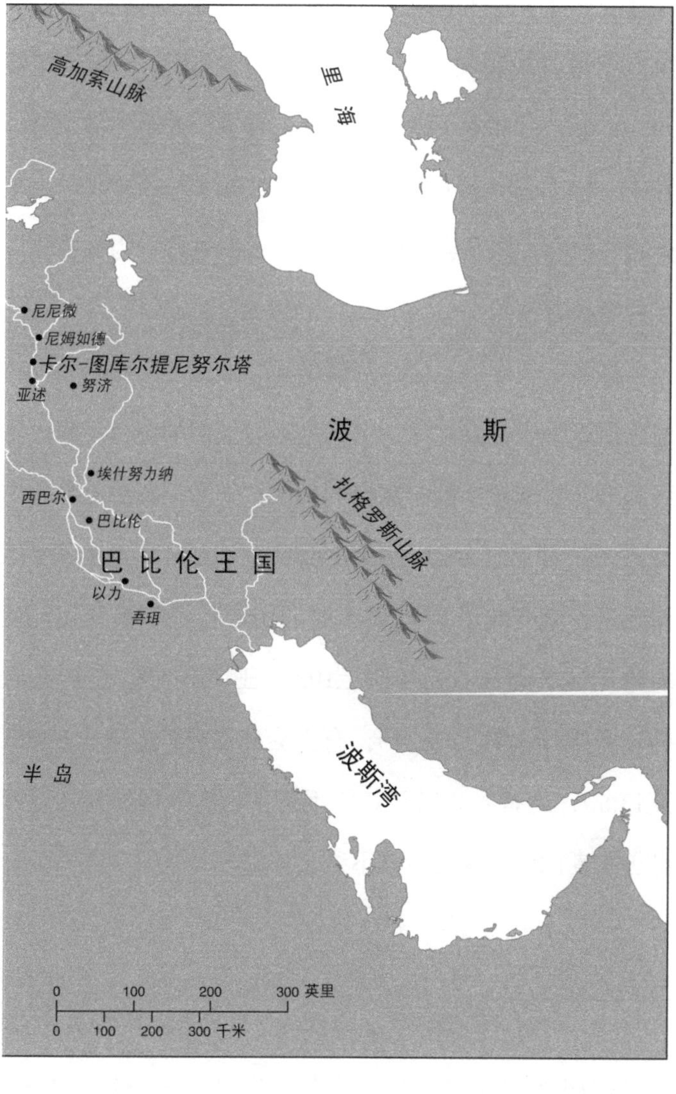
高加索山脉
里
海
尼尼微
尼姆如德
卡尔-图库尔提尼努尔塔
亚述
努济
波
斯
埃什努力纳
扎格罗斯山脉
西巴尔
巴比伦
巴比伦王国
以力
吾珥
半岛
波斯湾
0
100
200
300 英里
0
100
200
300 千米

代社会一样，先知的作用各不相同。“先见”[1]或者“神人”可以帮助寻找丢失的东西。除先知外，圣经还提到了观兆、占卜、行邪术、施咒和交鬼。许多行为虽然被严禁，其中一些在公元前7世纪晚期约西亚王进行宗教改革后被禁止，但它们在圣经中的频繁出现说明这些行为在古代以色列是很普遍的。

许多宗教中的圣徒、萨满巫师、神秘主义者等人物有时之所以处于社会边缘，也许是因为他们的奇行怪语。圣经和非圣经来源中都有这样的例子：先知在宣讲信息之前会进入一种迷狂状态。刚刚受膏被立[2]的扫罗王在“受感说话”时就变成了“新人”（撒上10:6）。有时音乐也能使人达到这种迷狂状态（撒上10:5；王下3:15）。此时有人会赤身裸体（撒上19:24），有人会自伤自残（王上18:28；亚13:6），还有人会出现其他不正常行为，例如先知以西结曾长期侧卧，并且缄默不语。

1 “先见”，含义与先知相同，出现时期早于先知一词。参见《撒母耳记上》9章9节。

2 以色列社会中先知、祭司和君王在就职之前都要进行受膏仪式。所谓受膏就是将一种被称为香膏的昂贵的液体香料从受膏者的头上浇下。

一位古代美索不达米亚的先知

下文节选自努尔辛（Nur-sin）的书信，此人是马里国王基姆利里姆（Zimri-Lim）的使节。马里是公元前18世纪幼发拉底河流域的城市。

阿勒坡（Aleppo）之主、暴风之神阿达（Adad）的一位先知在阿布哈里姆（Abu-halim）面前对马里王说："我不是阿勒坡之主阿达吗？我不是将你举到我的膝上，将你祖先的王位还给你的人吗？我对你别无所求。当有含冤的人向你呼求，停下脚步为他们伸冤。这是我唯一的要求。如果你按我所写给你的去行，留心我的话语，我就将太阳升起到太阳落下的土地赐给你，你的土地将大大加增。"这是阿勒坡之主阿达的先知在阿布哈里姆面前所说的。我主应该知道这些。

这个神谕向统治者保证了神明对他的支持。无独有偶，先知拿单也曾宣讲耶和华对大卫家世代为王的应许（撒下7:4-17）。

同其他文化一样，圣经中也有关于先知超凡能力的传说，其中以利亚和以利沙的能力显得尤为突出。据说他们曾令食物数量翻倍，使疾病痊愈、死人复活、毒物变无害，甚至令遗失约旦河底的斧头浮上水面。他们还借助神明的力量，唤火从天上降下，将熊召出树林撕裂无礼的少年。他们的力量甚至延续到死后。例如，以利沙的骸骨能使尸体复活。后来的先知也有许多不可思议的事迹，比如以赛亚能使太阳投射的影子倒转方向，此外他还有医病的异能。

并非所有先知都是社会边缘人物。圣经中详细记载了多位先知的生平，其中阿摩司出身农夫，耶利米和以西结原为祭司。纵观古代近东世界，包括以色列在内，许多先知都与统治者关系密切。因为许多古代近东文献都出于皇室精英的手笔，所以我们很难知道皇室委任的先知占多大比例。一些圣经先知担任着皇室官方或半官方顾问，如迦得、拿单、以赛亚和耶利米。许多先知据说还参与了君王的选立甚至加冕，其中包括以利亚、拿单、亚希亚，很可能还有以赛亚。同时，由于先知的权威被视为上帝所赋予的，所以他们常常以上帝之名批评君王。

有些先知专司其职，他们要师从一位先知并接受一定时间的训练。老师就是学生们的“父”（见王下2:12，13:14），学生们则是“先知的儿子”[1]（王下4:38）。其他一

1 和合本意译为“先知的门徒”。

些先知看上去则是业余的，例如先知阿摩司曾自述：

阿摩司对亚玛谢说："我原不是先知，也不是先知的门徒；我是牧人，又是修理桑树的。耶和华选召我，使我不跟从羊群，对我说：'你去向我民以色列说预言。'"（摩7:14–15）

阿摩司称自己虽然未受专业训练，却是一位真的先知，因为他受到了呼召。

启示的方式

先知及其同时代的人都相信，神明会直接与先知进行特殊的交流。这种交流通常表现为话语和异象，这要求先知既要听，又要看。例如，非以色列籍的先知巴兰形容自己"得听神的言语，得见全能者的异象"（民24:4）。同样，《阿摩司书》开篇提到"……阿摩司得默示论以色列……"（摩1:1）。先知受到启示的惯用表达为"耶和华的话临到"，而后先知以耶和华的名义说："这是耶和华说的。"先知所传的信息被称为神谕，这一术语来自古典时代。

但是先知们究竟如何获得启示呢？渠道之一就是梦。为在梦中获得神明启示，他们要在特定的圣地过夜，这一过程名为"潜伏"（Incubation）[1]，许多资料证明了它的存在。那么先知口中的神明启示究竟是其深刻内心体验的外化还是他们亲耳所闻，亲眼所见？现代批判的观点否定了后者，但无论是哪种情况，关键都在于内心的体验，以及先知及其听众所达成的共识，那就是这种体验来自神明。

在关于启示的描述中，最常见的就是一些先知声称自己曾经见证甚至参与了众神议会的讨论。在古代以色列的宗教中，这种议会由耶和华主持。例如先知米该雅曾说："我看见耶和华坐在宝座上，天上的万军侍立在他左右"（王上22:19）。同样，先知耶利米也宣称只有他曾站在耶和华的会中，而不是那些假先知（耶23:22）。

1　该词的译法取自潜伏神谕（Incubation）词条，霍桑、马挺主编，杨长慧译，《21世纪保罗书信词典》，校园书房出版社，2009年5月。

以赛亚的异象

先知以赛亚以第一人称叙述了他参与神的会议，并在会上受命向上帝的子民发预言的情景。

当乌西雅王崩的那年，我见主坐在高高的宝座上。他的衣裳垂下，遮满圣殿。其上有撒拉弗侍立。各有六个翅膀：用两个翅膀遮脸，两个翅膀遮脚，两个翅膀飞翔。彼此呼喊说："圣哉！圣哉！圣哉！万军之耶和华，他的荣光充满全地！"

我又听见主的声音说："我可以差遣谁呢？谁肯为我们去呢？"我说："我在这里，请差遣我！"他说："你去告诉这百姓说：'你们听是要听见，却不明白；看是要看见，却不晓得。'"（赛6:1–3，8–9）

经典先知书

先知在公元前8世纪之前的圣经叙事中频频登场。他们的故事往往充满了传奇色彩。在《撒母耳记》和《列王纪》中，这些先知事迹被归入犹太传统的前先知书中。然而，从公元前8世纪开始出现了一种新型的预言，至少是一种传达预言的新体裁。此时的先知被称为写作先知，或早期先知，他们的言论收录在后先知书的若干书卷中，包括长篇的大先知书《以赛亚书》、《耶利米书》、《以西结书》以及《何西阿书》和《玛拉基书》之间的12部较短的小先知书。

至少有两个因素推动了先知书的发展。随着文字能力在古代以色列的普及，先知的神谕可以由先知本人或其门徒写下并收集起来。二是以色列与近东强国——尤其是公元前七八世纪的亚述和公元前7世纪晚期至6世纪的巴比伦——之间的交锋日渐升级并最终被征服。分裂后的北国以色列和南国犹大虽然不敌亚述和巴比伦帝国等超级大国，但却遏制了它们向埃及等地的扩张。先知就是这些事件的重要发言人。

预言书大致包括两类材料，一种是预言性的神谕，即先知的话，常以诗体出现；另一种是散文叙事，内容为先知本人或他人叙述的先知事迹。这些材料的编排方式往往很难断定。一些书卷以精确的日期和年代排序，如《以西结书》和《哈该书》，但很多书卷并没有明确的编排原则。此外，大部分先知书都经过了整理、编辑和补充，有其各自的发展过程，篇幅较长者尤其如此。

预言性书卷较为复杂。以《阿摩司书》为例，这部书卷是经典先知书中最早的，且篇幅较短。同大多数先知书一样，《阿摩司书》开篇介绍先知本人的生平。之后是一篇较短的神谕，阿摩司藉此宣布耶和华的审判。《约珥书》中也有同样的神谕，这种内容的重复在先知书中并不罕见。《阿摩司书》中第一大部分是一连串相同模式的神谕，内容为耶和华先后宣布对以色列周边各国及以色列的审判；接下来的神谕和预言性质有关，且没有明显的编排原则；之后的一些神谕批评以色列及其民族内的某些阶层，尤其是居住在都城撒玛利亚和耶路撒冷的精英们；紧接其后的是片段式的诗歌、关于灾难的神谕、先知以第一人称描述的一连串异象（这些异象不可归为一类）、以第三人称介绍先知的一篇散文；最后又是一篇神谕，应许上帝将复兴大卫的王朝，而这个王朝现在已然衰亡。以上所有内容仅仅用了九章！

阿摩司活跃于公元前8世纪中期。那时勒万特地区的各个小国都相对自主且繁荣，如以色列、犹大、亚兰–大马士革、亚扪、摩押和推罗等。亚述帝国于公元前9世纪开始加紧扩张。由于亚述帝国被东部和南部边境问题困扰了几十年，勒万特西部各国迎来了短暂的安宁。但亚述不久还会卷土重来。阿摩司在其神谕中预见了亚述的再度入侵及其后果。

亚述人对待沦陷区的政策广为人知：他们一般会推翻当地的统治家族，摧毁其首都和主要城市，把精英驱逐至帝国的其他地区，并使其他地区的移民迁入该地，最终使该地成为亚述的一个行省，由亚述王指派总督管理。这些正是由阿摩司宣布的。例如他对大马士革的预言就是都城和要塞被毁，统治者家族下台，人民被放逐（摩1:4–5）。以色列的其他邻邦也会面临相似的命运，北国以色列和南国犹大也是如此，那些居住在都城撒玛利亚和耶路撒冷的贵族将被放逐（摩6:1–7, 7:11）。

悲剧不幸被阿摩司言中。公元前732年，大马士革被亚述人攻陷并摧毁，公元前22年撒玛利亚也遭遇了同样的命运，两地都沦为亚述的行省。犹大国在公元前734年成为了亚述的附庸国，亚述人得以喘息片刻。当发现犹大不甘臣服时，亚述军队又在公元前701年包围了耶路撒冷。因此，虽然在某种意义上讲，阿摩司的确预言了将要发生的事，但亚述和巴比伦所采取的行动其实是不言自明的。

对于《阿摩司书》1–2章之类的文本，我们要注意的不是它的预测，而是它对于亚述进犯的解释。以现代历史学的视角来看，亚述的征服在所难免，因为一些小国妨碍了这个拥有绝对优势的军事大国的扩张。但是，对于阿摩司及之后的何西阿、以赛亚、弥迦和耶利米等先知来说，这样的解释是不够的。阿摩司反复宣称亚述进犯是耶和华的旨意：

> 所以我要把你们掳到大马色以外。（摩5:27）
>
> 我必将城和其中所有的，都交付敌人。（摩6:8）
>
> 耶和华，万军之神说："以色列家啊，我必兴起一国攻击你们。"（摩6:14）

阿摩司和一般的先知书作者一样，强调上帝对于人类历史的掌控：君王的战败、城市的沦陷、国家的灭亡最终都归因于上帝。耶和华对其子民发怒，于是使用其他国家的力量来惩罚他们，因为他们不遵行与上帝订立的约。这就是先知们的洞见，是他们对所处时代事件的解读。

立约的使者

先知的言行与其时代密不可分，但无论是哪个时代，有一条信息始终不变，那就是过去、正在和将要发生的都是耶和华的作为。他是“全地之主”（诗97:5），不只主宰以色列，还包括整个世界。然而，他的主要关注点还是以色列，他的选民。

以色列人曾在西奈山与上帝立约，但他们却没有遵行。这一圣约的主要内容就是十诫，其诫命可分为两部分：一是要按照上帝规定的方式唯独敬拜他；二是要以色列人关爱自己的同胞。遵行这些诫命就可蒙得上帝恩典，否则就会招致惩罚。恩典是他们会在耶和华所赐的土地上世代繁荣，惩罚则有多种形式：干旱、饥荒，尤其是被敌人攻击、打败，而后被流放。

所以，无论是公元前8世纪中期的阿摩司，还是几十年之后的以赛亚，抑或是公元前6世纪初的耶利米，都打上了各自的时代烙印，他们以特有的神学视角来解释时代，即一切经历、悲伤、苦痛、受到的奖赏和惩罚统统来源于上帝。先知宣告上帝的审判，用《玛拉基书》（3章1

节）中的话来说，他们是“立约的使者”。他们一致谴责以色列民敬拜别神，对人不公，屡次背弃所立的约。如同圣约一样，这些谴责有时也体现为法律诉讼的形式，由耶和华借先知之口控告以色列民破坏约定，并宣布惩罚即将来临：

> 以色列人哪，你们当听耶和华的话。
>
> 耶和华与这地的居民争辩，
>
> 因这地上无诚实，无良善，无人认识神。
>
> 但起假誓、不践前言、杀害、偷盗、奸淫、行强暴、杀人流血，接连不断。
>
> 因此，这地悲哀，其上的民、田野的兽、空中的鸟必都衰微，海中的鱼也必消灭。（《何西阿书》4章1–3节）

在这一段中，公元前8世纪的先知何西阿援引十诫来敦促以色列民回归原初的道德原则，而耶利米在7世纪晚期也以同样的方式进行规劝：

> 你们若实在改正行动作为，在人和邻舍中间诚然施行公

平，不欺压寄居的和孤儿寡妇。在这地方不流无辜人的血，也不随从别神陷害自己。我就使你们在这地方仍然居住，就是我古时所赐给你们列祖的地，直到永远。看哪，你们倚靠虚谎无益的话。你们偷盗、杀害、奸淫、起假誓、向巴力烧香，并随从素不认识的别神；且来到这称为我名下的殿，在我面前敬拜。又说：我们可以自由了！你们这样的举动是要行那些可憎的事吗？（《耶利米书》7章5–11节）

耶利米强调，尽管大卫王朝的历代君王都豪言上帝会永远保护他们和都城耶路撒冷的圣殿，但这有一个前提条件，那就是西奈之约。先知以这一框架来解释过去、现在和不久的将来。他们在特定的历史背景下宣讲信息，对象则是同时代的人——有时是个人，尤其是君王；有时是族群中的某些阶层；有时则是外邦人——至少言语上是如此；然而，最多的还是对整个以色列民族。

但以色列民并未谨记先知的话。他们没有遵行唯独敬拜上帝和爱邻舍的诫命，结果自然是受到应得的惩罚。于是，审判如期而至。契约中的诅咒一一应验：他们的城市被摧毁，土地被掠夺，自己也被流放。北国以色列于公元前722年沦陷，而南国犹大也在公元前6世纪初战败亡国。

先知和未来

耶路撒冷在公元前586年被摧毁，民众也被流放到了巴比伦。国破家亡之后，先知们也再次话锋一转。他们越来越关注未来的复兴，盼望重现往日的荣耀，如同公元前10世纪大卫王和所罗门王时期那样独立繁荣。在关于公元前6世纪事件的预言中有一些对未来繁荣景象的描写，其中以《耶利米书》、《以西结书》和《以赛亚书》的40–66章最为详细。《以赛亚书》的后半部分并非成书于以赛亚所在的公元前8世纪晚期，而是两个世纪之后。随着先知书在后来不断被修订，其他先知书中也有了对未来的期盼。

但是，上帝应许的这些盼望并不会立即实现，而是许在遥远的未来——“末世”（end time）。届时，史前和历史时期的邪恶势力都将被耶和华及其天军击败。此类信息带动了启示文学的发展。在圣经中，《以西结书》40–48章和《撒迦利亚书》9–14章是早期的启示文学，到《但以理书》7–12章则发展得更为成熟，而新约的启示文学就是启示录。

早期的基督徒相信随着拿撒勒人耶稣的出现，末世已经来临，把旧约中的先知书视为对耶稣最终来临的预言，在正典中位于新约之前。然而这样的解读忽视了先知本身所处的时代。也许基督教读者并不知道，在希伯来圣经的原文中，**弥赛亚**一词（英语为Messiah，希伯来原意为“受膏者”）意指过去和现今的领袖，而非未来的领袖。

未来的希望

恢复往昔荣耀，盼望未来繁荣，这一信念是后来才编入早期的预言书中的。以《阿摩司书》结尾的一段话为例：

“到那日，我必建立大卫倒塌的帐幕，

堵住其中的破口，把那破坏的建立起来，

重新修造，像古时一样，

使以色列人得以东所余剩的和所有称为我名下的国。”

此乃行这事的耶和华说的。

耶和华说：“日子将到，

耕种的必接续收割的，

踹葡萄的必接续撒种的。

大山要滴下甜酒，

小山都必流奶。

我必使我民以色列被掳的归回，

他们必重修荒废的城邑居住，

栽种葡萄园，喝其中所出的酒；

修造果木园，吃其中的果子。

我要将他们栽于本地，

他们不再从我所赐给他们的地上拔出来。”

这是耶和华你的神说的。（摩9:11–15）

第九章

希西家与西拿基立

公元前701年，亚述王西拿基立（Sennacherib）出兵南国犹大，包围了耶路撒冷。许多考古证据都可以证明这场灾难，《列王纪》、《以赛亚书》，以及西拿基立自己的史料中都有明确记载。它有助于我们研究先知及其所处时代的历史事件的关系，了解圣经和圣经之外的材料如何互为补充。

在公元前8世纪的后半叶，亚述帝国的国力达到了顶峰。它开始向埃及扩张，并于公元前671年征服埃及。但是，在此过程中，一些地中海沿岸的附庸小国阻挠了亚述的扩张之路。它们常常随风倒，甚至还发起叛乱。在这些小国中，大马士革于公元前732年被灭，北国以色列则于公元前722年亡国。以色列南边的邻国犹大则幸存下来，这一方面是因为其地理位置偏远，远离海上要道；另一方面是由于从公元前8世纪30年代开始，南国犹大就已甘心向亚述纳贡称臣了。

然而，公元前8世纪末，正当亚述忙于处理其本土周边的内务时，犹大王希西家（Hezekiah）与包括埃及法老在内的其他地区君主结盟，共同反抗亚述帝国的统治。刚刚在公元前705年登基的西拿基立对此反应十分迅速，立即采取了强硬手段。在公元前701年的一场大战中，西拿基立率军南下，横扫地中海沿岸，将叛变的统治者赶下台，扶植傀儡政权，并强令各国纳贡。这一次犹大未能逃脱厄运，主要城池都被攻破并摧毁，首都耶路撒冷也遭围城数日，直到希西家王投降并缴纳巨额贡品之后方才解围。

西拿基立讲述耶路撒冷之战

在下文中，西拿基立以第一人称讲述公元前701年他攻打犹大的那场战役：

至于犹大王希西家，他不肯屈服于我的轭，我出兵包围了他的64座城邑，所围困的小镇不计其数。步兵用攻城梯和撞城锤等攻城器械，最终将这些城邑全部攻破。我俘获男女老幼共

200,150人，还夺取马匹、驴骡、骆驼和牛羊无数。我将希西家封锁在他的王城耶路撒冷之中，如同笼中之鸟。我用土堆工事将这座城市围绕，他连城门都出不来。我从他土地上夺取的城池，都分别赐给了亚实突王米汀提、以革伦王巴底和迦萨王西里贝尔，他的土地因此减少。我要求他在保持以前的贡品之外，每年还要进献更多金银和礼物给我—他的宗主国！

希西家为我亚述国威所震慑，在我准备回到我的王城尼尼微的时候，他将最精锐的部队和最好的战士赠予了我，这些军人是他之前调入耶路撒冷的援军。他赠予我的还有：30他连得[1]金子、800他连得银子、上好的锑、大块的红宝石、镶嵌着象牙的床和扶椅、象皮、象牙、黑檀木、黄杨木、多彩滚边的衣服、亚麻衣、紫红色和蓝紫色的（染色）毛料、红铜、铁、青铜或锡制成的器皿、双轮战车、攻城盾、长矛、盔甲、腰间佩带的短剑、弓箭、无数的马饰和各类其他的战时用品，此外还有他的女儿、宫女和男女伶人。他还遣使臣来纳贡称臣。

圣经关于西拿基立入侵的一段记载

圣经作者的记录与西拿基立的记录基本一致，肯定了西拿基立自述中的基本内容：

希西家王十四年，亚述王西拿基立上来攻击犹大的一切坚固城，将城攻取。犹大王希西家差人往拉吉去见亚述王，说："我有罪了！求你离开我，凡你罚我的，我必承当。"于是亚述

1 他连得，古代近东的重量单位，根据圣经的说法相当于现在的45公斤。

王罚犹大王希西家银子三百他连得，金子三十他连得。希西家就把耶和华殿里和王宫府库里所有的银子都给了他。那时，犹大王希西家将耶和华殿门上的金子和他自己包在柱上的金子都刮下来，给了亚述王。（王下18:13–16）

关于这些事件，我们现在拥有诸多独立的材料来源。例如西拿基立本人所著的亚述文长篇叙事，其中有许多抄本留存至今；西拿基立王宫遗址的一个房间里保存的一系列浅浮雕石板，上面刻画着西拿基立攻破犹大南部城市拉吉的情景；还有大量考古学证据，证明了犹大地区的毁灭以及希西家为抵御围城而进行的大规模备战。此外，圣经中的《列王纪》、《历代志》和《以赛亚书》对于这次事件也有记载。每种材料来源都需要在基于共同事实的情况下得到解释。

考古学证据

西拿基立的自述和《列王纪下》中都有这样的记载：作为其作战行动的一部分，西拿基立向犹大的主要设防城市发动进攻，以消灭反抗势力和首都耶路撒冷城外围的防御力量。犹大国的众多遗址上均有战争遗留下的层层灰烬和瓦砾，其中最著名的非拉吉古城莫属。亚述首都尼尼微的西拿基立王宫墙壁上的浮雕直观地描绘了拉吉沦陷的景象。考古学证据和浮雕的内容相吻合，共同见证了亚述帝国的穷兵黩武。

为应对耶路撒冷之围，希西家加固城防，将城墙扩建至米示尼（Mishneh），这是一个最近才发现的地区，又称第二区（Second Quarter）。这一部分城墙随着考古挖掘而重见天日，其建筑年代在公元前8世纪晚期。

另一项考古学依据是一条长1,700英尺的地道，位于原耶城的中心地带大卫城地下。早在19世纪初，学者们就发现了这条地道，并认定它是犹大王希西家在公元前8世纪末所建：

> 他（希西家）怎样挖池、挖沟、引水入城；（王下20:20）
>
> 这希西家也塞住基训的上源，引水直下，流在大卫城的西边。（代下32:30）

这条地道是一条输水道，其源头名为基训（意为“自涌泉”），位于耶路撒冷城防御工事的东面，是耶路撒冷城的主要水源。这条水道把水引入城内西侧的一个蓄水池——西罗亚池。

水道南侧尽头的墙壁上有一幅著名的“西罗亚水道石刻”，上面共有六行文字，内容并不完整，也许是因为在1880年被发掘后不久，有些内容就被人凿下带走了。石刻描述了两队工人如何从水道两端开始施工，然后在接近水道中间时相遇。他们先“听到工人呼叫同伴的声音”，之后“凿子碰凿子”接上了头，这时“水流蔓延了1,200肘尺[1]，从源头流入了蓄水池”。尽管这段石刻由典雅的古希伯来文写成，但却不像官方所立的竣工纪念碑，因为上面并没有提到建造这条水道的国王的名号，也没有日期，而且它的位置也不是普通纪念碑文应当出现的位置。因此，这些文字也许是出自某个大工程师或工人们的手笔。然而，无论是哪种情况，学者们几乎一致认为这段文字可以追溯到公元前8世纪末，它回顾了犹大人为抵御亚述围攻

1 肘尺，古代希伯来人常用的长度单位，1肘尺约等于0.5米。

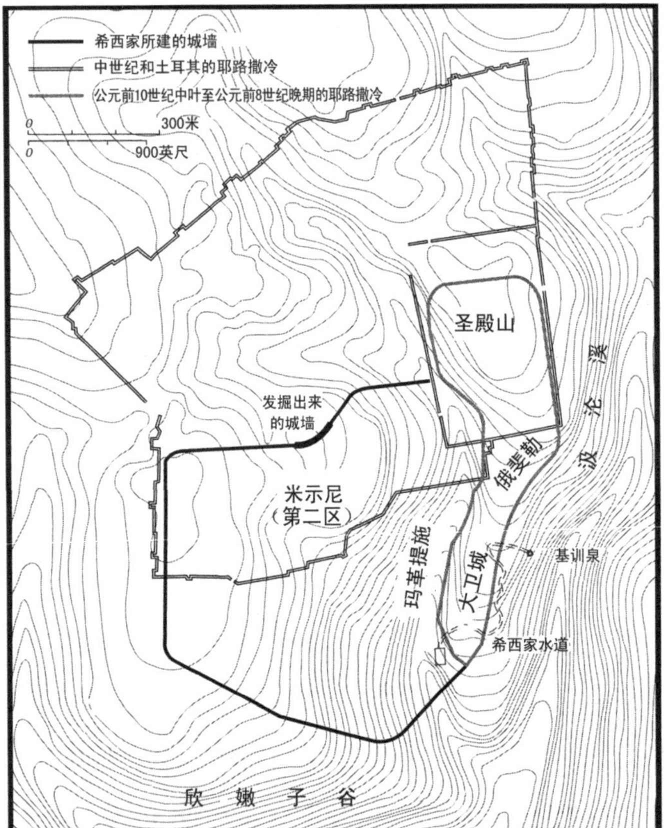

图9 公元前8世纪晚期的耶路撒冷

所进行的准备，与圣经的几段简短记载也遥相呼应。

对战争的解释

在其他文本中，西拿基立用宗教语言叙述了自己的胜利，认为这是立他为王的守护神阿舒尔所赐予的。这一解释带有意识形态的色彩。无独有偶，圣经来源也认为公元前701年的事件是耶和华所为，只是探讨的角度截然不同。前一种解释针对的是进攻本身：为什么耶和华允许亚述在犹大攻城掠地，大肆屠杀？答案是耶和华要利用亚述人惩罚悖逆的子民。耶和华通过先知以赛亚陈明自己的旨意：

> 亚述是我怒气的棍，
> 手中拿我恼恨的杖。
> 我要打发他攻击亵渎的国民，
> 吩咐他攻击我所恼怒的百姓，
> 抢财为掳物，夺货为掠物，
> 将他们践踏，
> 像街上的泥土一样！（赛10:5–6）

在这位先知的解释中，亚述是耶和华用来施行惩戒的工具。因为他的子民不去信靠耶和华，却“起身下埃及去，并没有求问我。要靠法老的力量，加添自己的力量，并投在埃及的荫下”（赛30:2）。他们仰赖盟国胜于仰赖耶和华。此外，这些子民还违背了他们与上帝之间最重要的契约——西奈之约，若不能“寻求公平，解救受欺压的，给孤儿伸冤，为寡妇辨屈”（赛1:17），他们一切的宗教仪式都是徒劳。

由于以色列民是悖逆的儿女（赛1:2, 5），所以他们应受罚。亚述人会像其家乡美索不达米亚北部幼发拉底河畔的洪水一样席卷整个南国犹大：

你们的地土已经荒凉，
你们的城邑被火焚毁，
你们的田地在你们眼前为外邦人所侵吞。
既被外邦人倾覆，就成为荒凉。
仅存锡安城，
好像葡萄园的草棚，
瓜田的茅屋，

被围困的城邑。（赛1:7–8）

这一片凄惨萧条的景象正是西拿基立出兵犹大、围攻耶路撒冷时的生动写照。

然而耶路撒冷没有就此被摧毁，故事也并未完结。继王下18:13–16中的一番平铺直叙后，王下18:17–19:17叙述了希西家和西拿基立之间漫长的谈判，篇幅更长，也更具意识形态色彩。在双方谈判期间，先知以赛亚告诉希西家，耶和华将保护耶路撒冷，为了耶和华自己和他仆人大卫，也就是在希西家之前的犹大王。这段故事的结尾令人费解：

当夜耶和华的使者出去，在亚述营中杀了十八万五千人。清早有人起来一看，都是死尸了。亚述王西拿基立就拔营回去，住在尼尼微。（王下19:35–36）

这里亚述退兵不是因为希西家的投降，而是因为上帝直接干预其中，这既是报偿希西家对于上帝的信靠，也表明耶和华定意要保护耶路撒冷，因为那里的圣殿是上帝的居所，而耶路撒冷也是他所拣选的王朝的都城。

西拿基立入侵南国犹大，攻占了多个主要城市，后又兵围耶路撒冷，而后希西家投降纳贡，这些虽然都是真实的历史事件，但对它们的解读却各异。有人提出耶路撒冷得以幸存是因为耶和华的作为，他施行神迹杀灭了亚述的军队，就如同当年杀灭出埃及时法老的追兵一样。公元前2世纪早期的作家西拉和公元1世纪晚期的犹太历史学家约瑟夫却认为这样的解释有些夸大其词，实际上西拿基立的士兵只是死于瘟疫而已。但是对于《以赛亚书》和《列王纪》的作者而言，亚述的进犯和退兵都显明了耶和华全然掌控着历史。

通过考证，我们对于先知作为历史事件解释者的角色有了进一步了解。先知们认为耶和华是最有能力的神，甚至含蓄地表达了耶和华一神论的观点。此外，我们还示范了圣经、非圣经文本和考古学数据如何互为参照、共同作用，从而深化我们对事件的理解。

第十章

诗歌体裁与神义问题

本书中引用的许多圣经和非圣经文本都是以诗体的形式来排版，而且学界也认为旧约中有三分之一的内容是诗体。为了节约莎草纸和羊皮纸等书写材料，古代的手抄本往往以同样的方式记录诗体和散文体，即句与句之间首尾相接，而不是一句一行。这是古代抄本中诗体难以辨认的原因之一。另一个因素是圣经中的诗歌——甚至整个古代近东的诗歌，并不具备现代诗体的一些特征，例如它们很少押韵，一些类韵和头韵也只是偶尔才会出现。另外，圣经诗体的韵律至今仍未完全被破译。其原因也许是以色列民族及其邻邦所采用的韵律模式五花八门，而人们对于如何分析这些韵律仍然各执一词。

圣经诗体最突出的特征就是平行体，即两行诗观点相同而措词各异。这就形成了一种思想的韵律。平行体可以是同义反复：

你要详细知道你羊群的景况，
留心料理你的牛群；（箴27:23）

也可以是对比：

回答柔和，使怒消退；
言语暴戾，触动怒气。（箴15:1）

还可以是递进：

门在枢纽转动，
懒惰人在床上也是如此。（箴26:14）

平行体示例

平行体是一种广泛使用的诗歌表现手法。例如在古代迦南的神话中，暴风之神巴力被告知他将如何击败自己的对手海神：

让我告诉你，巴力王啊，

让我再重申，驾云者啊：

看哪，你的仇敌，巴力啊，

看哪，你将杀死你的仇敌，

看哪，你将荡平你的对手，

你的王位将千秋万代，

你的统治将直到永远。

在这些诗句中共有三对对偶句，每对由两行同义反复的平行体构成，对偶句之间又形成了递进和同义反复的平行体。

圣经的读者对这些诗句的格式和技巧并不陌生：

看哪，耶和华啊，你的仇敌，

看哪，你的仇敌都要灭亡，

一切作孽的也要离散。（诗92:9）

你的国度直到永远，

你的统治存到万代。（诗145:13）[1]

本书所引用的其他诗作中还有许多这样的例子。

1　此处的诗篇并非引自和合本。为体现次数诗篇的平行体特征，同时可以与上一段引文比较，译者特别按照原作者所引用的英文版圣经的句式来翻译。

就最后一句箴言本身来讲，它散文的味道更胜于诗。但既然它出现在以平行体写就的一连串箴言中，所以也就被视为诗。

上述几种平行体虽然有很多变体，但基本模式清晰，这种模式构成了圣经诗体和大多数圣经外诗体的重要形式特征。此外，基督教和犹太教一直在使用这本圣经，它的译本众多，而在翻译的过程中，诗体的韵脚很难保持，能留下的恐怕只有平行体了。

从《创世记》到《列王纪下》的这部分书卷构成了托拉和前先知书，其中的叙事性文体较多，诗体只是散见于叙事之中。在后先知书中，尤其是在《以赛亚书》和《耶利米书》中，诗体则多了不少。十二小先知书中的诗体也颇多。圣经中有两卷书全部以诗体写成。一是《诗篇》，即古代以色列赞美诗歌的总集；二是《雅歌》，又称所罗门之歌（亦称歌中之歌），收录的是男女之间的爱情诗。

智慧文学

古代以色列有一类文学常常以诗歌为表现形式，学者们称之为智慧文学（wisdom literature），这类文学在整个古代近东都很普遍。智慧文学一词的内容十分宽泛，其体裁可以是赞美、争论、寓言或是箴言。但不论何种体裁，智慧文学关注的始终是人类的处境，而不是某个具体的历史事件或个体，它的关注是普世性的。正是由于这种普世性，智慧文学为各国人民所喜闻乐见，它不断为各种文化输送养分，也受到各种文化的浸润。

智慧文学中最典型的文体要算箴言了。箴言用词精巧凝练，常以诗体来表现人生经验的方方面面。一部分箴言散见于整部圣经，另一部分则结集成《箴言》。箴言往往始于民间智慧，由文士收集、拓展或者编辑为诗歌形式。《箴言》中的一些编者注暗示着这些文士通常由王室供养。例如："以下也是所罗门的箴言，是犹大王希西家的人所誊录的。"（箴25:1）类似的开头在《箴言》中不止一处，这也表明《箴言》实际上是多部原本独立的箴言集汇编而成。

公元前11世纪的古埃及有一部《阿美尼莫普的教谕》（以下简称"教谕"），其内容与《箴言》22:17–24:22的"智慧人的言语"有很多相关之处。这恰好表现出智慧文学的普世性。两者都分为30个单元，现列举一些相似点如下：

好生气的人，不可与他结交；暴怒的人，不可与他来往。（箴22:24）

不可与易怒的人结交，也不要上前与他搭话。（教谕11章13–14节）

你先祖所立的地界，你不可挪移。（箴22:28）

不可挪动地里边界上的标记，也不可改变测量着的准绳。（教谕7章12–13节）

你看见办事殷勤的人吗？他必站在君王面前，必不站在下贱人面前。（箴22:29）

公务上有能力的文士，可以为廷臣。（教谕27章16–17节）

许多箴言讲授的是觐见王室的礼仪，比如与国王进餐时的礼仪，得体的说话方式等，这也反映了《箴言》的王室背景。有些箴言则针对高层次的道德问题，如诚信经商、善待穷人、孝敬父母等等。

古代以色列人的日常生活与宗教仪式紧密相连，因此，箴言的许多内容都与宗教相关，它强调成功的最终途径是“敬畏耶和华”，即遵守他所赐的命令。对先知而言，这一原则有群体的性质，因为耶和华会赏赐顺服的国家，惩罚悖逆的国家。这就是上帝之正义，也称为“神义”，它所传递的内容同样适用于个人。

你要以财物和一切初熟的土产尊荣耶和华。

这样，你的仓房必充满有余，

你的酒榨有新酒盈溢。（箴3:9–10）

敬畏耶和华心存谦卑，

就得富有、尊荣、生命为赏赐。（箴22:4）

这种情感的背后是一位大能的上帝，人类生活的方方面面都与他息息相关。这种观念最终催生了一神论，即以色列的上帝是唯一的上帝。从国际关系到日常生活，历史发展的各个层面都由这位上帝掌控着。

神义问题

在一神论中，只有一位上帝，这位上帝全善，全能，全然公义，赏善罚恶。但经验告诉我们，现实并非总是如此，义人受苦、罪人发达的情况并不少见。圣经中有两卷书都以较长的篇幅探讨了这一深奥议题。《传道书》是其中之一，它成书于公元前4世纪，文体颇有哲学风骨。这位无名的作者像苏格拉底和第欧根尼一样，探寻着生活的意义。与传统的智慧正相反，他看到有时义人虽无辜却遭灭亡，而罪人却享长寿——上帝似乎并不总是赏善罚恶。面临这样的矛盾，人又当何去何从？《传道书》给出的回答颇有存在主义的意味：吃吃喝喝，快快乐乐，享受生活。因为人皆有一死，死后一切都将终结。

圣经中的来世

由于圣经的各个组成部分写于不同世纪，所以圣经中的许多观点都无法一以贯之，它们有些处在变化发展之中，有些则根本无法取得一致。其中最典型的例子是古代以色列人对于死后世界的看法。

通灵术是一种向死去的人求问的行为，圣经常称之为“交鬼”。交鬼暗示着一些人认为存在一个死后的世界。尽管圣经律法严禁交鬼，但这种行为非常普遍。圣经中记载了一次成功施行的通灵术，以色列王扫罗曾请一个妇人施行通灵术，从阴间请出死去的先知撒母耳。古埃及人迷恋死后世界，因而对坟墓精雕细琢，为我们留下了很多线索，相比之下，古代以色列人留下的信息少之又少。在以色列人的观念中，人死后生活在阴间（Sheol）[1]，一个黑暗、阴冷的地方，类似于希腊人的冥府，与埃及所描绘的西方乐土相去甚远。在阴间之中，人与上帝隔绝，平常的生活也一去不返。《传道书》这样描绘那里的境况："死了的人毫无所知……在你所必去的阴间，没有工作，没有谋算，没有知识，也没有智慧"（传9:5，10）。直到圣经时代晚期，为解决圣经中上帝在此世对人不公的问题，犹太人才发展了一系列详尽的关于未来的信仰。那时，为善者必得赏赐，而作恶者必受惩罚。我们所熟悉的天堂和地狱这两个概念也由此而来，这两个概念现在成了基督徒和穆斯林信仰的一部分。

《约伯记》

比起《传道书》，《约伯记》对神义问题的探讨更为深刻。《约伯记》是圣经中最艰深的书卷之一。不单因为其语言晦涩，结构散乱，更是因为它所探寻的问题很深奥，而且无答案可寻。

《约伯记》为散文结构，读起来如同改编过的古代民间传说。前两章为序言，介绍了约伯是一个"敬畏神，远

1 *Sheol*是一个希伯来词。现在较为流行的英文版圣经中常用grave或者hell来替代（参见诗49:14）。

离恶事”（伯1:1）的完人，上帝因他的敬虔赐福他，于是他有7个儿子和3个女儿，家道丰足，幸福和乐。一天，上帝在天上临朝，一个神秘的角色——撒但——与耶和华展开辩论，争论的焦点是：约伯的敬虔是否真实？他是否因为私利才敬畏上帝？若被夺去财富，他又将如何？于是，作为义人典范的约伯沦为了一场旷世赌局的筹码。

得到上帝的允许后，撒但开始兴风作浪。约伯的牛羊牲畜不是被抢，就是被杀，最可怕的是，他的10个子女也都命丧横祸。而约伯的回应则表现出他的敬虔是真实的：“赏赐的是耶和华，收取的也是耶和华；耶和华的名是应当称颂的”（伯1:21）。这个事迹后来被誉为“约伯的忍耐”（雅5:11）。待到又一次天庭会议，上帝又碰见了撒但。上帝说“你虽激动我攻击他，无故地毁灭他，他仍然持守他的纯正”（伯2:3）。撒但则反驳说要用约伯本人的身体来试验才能真正奏效。上帝再次首肯，于是撒但使约伯染上了一种皮肤病。约伯坐在炉灰中，用破瓦片刮自己的身体，却“并不以口犯罪”（伯2:10）。

至于撒但，他也是“神的众子”之一，是天庭会议的与会人员。他的头衔是控告者，用《约伯记》里常出现的法庭用语来说又叫做检举人。此人后来成为基督教和犹太教传统中的大反派——魔鬼撒旦，但是在《约伯记》里还不是。他在《约伯记》中只是一个龙套，自第二章以后就彻底退场了。于是，无论约伯本人还是他的朋友都认为，苦难是来自上帝的惩罚。

序言部分为3–41章的神义问题大讨论作了铺垫。讨论由一系列的对话构成，前面是约伯与他的三个朋友之间的对话，最后是他与耶和华的对话。这些对话中存在着许多关键问题，而且凌乱不堪，24–28章尤为明显。在32–37章之间，还突然冒出了约伯的第四个朋友，这说明《约伯记》也曾多次被修订，但对话的主题始终是对于约伯问题的思考。他的三个朋友坚守传统看法，即上帝是公义的，约伯受苦必然是因为他做了错事，子女死亡也是因为他们犯了罪。

约伯怒斥了这些陈词滥调，并坚称自己是无辜的——这一点读者都心知肚明，而且他一直坚守着以色列人的最高道德标准：

因我拯救哀求的困苦人和无人帮助的孤儿。

将要灭亡的为我祝福；我也使寡妇心中欢乐。

我以公义为衣服，以公平为外袍和冠冕。

我为瞎子的眼，瘸子的脚。

我为穷乏人的父，素不认识的人，我查明他的案件。

（伯29:12–16）

最后，文中又出现了一个法律隐喻，约伯向上帝发出“传唤”：“看哪，在这里有我所划的押，愿全能者回答我”（伯31:35）。

在暴风雨中向他显现的耶和华确实作了回答。上帝用一连串的反问嘲讽着约伯所谓的智慧：

我立大地根基的时候，你在哪里呢？

你若有聪明，只管说吧！

你若晓得就说，是谁定地的尺度？

是谁把准绳拉在其上？

地的根基安置在何处？

地的角石是谁安放的？

那时，晨星一同歌唱，

神的众子也都欢呼。（伯38:4–7）

整整三章都是这位造物主的训话（伯38–41）。他讲述了自己的大能——如何为大海的狂涛巨浪设限，使海中巨兽[1]成为自己的宠物，以及如何将天地万物分门别类。虽然这番话里包含了一些圣经中最华美的诗篇，但却完全没有顾及约伯的抱怨。

约伯对此也作出了回应。这一段的希伯来语较为难懂，所以下文以意译为主，斜体部分是引用上帝之前说过的话：

我知道你万事都能做，
你的旨意不能拦阻。
谁用无知的言语，使你的旨意隐藏呢？
我所说的是我不明白的；
这些事太奇妙，是我不知道的。
求你听我，我要说话；

---

1 英文原文为Leviathen，即利维坦，圣经和合本及新译本中都翻译为鳄鱼。

我问你，求你指示我。

我从前风闻有你，现在亲眼看见你。

因此我厌恶自己，

在尘土和炉灰中懊悔。（伯42:1–6）

约伯的结语是什么意思？难道是他见到上帝后突然醒悟，认识到人类智慧的局限性？若是的话，约伯应该心服口服了。但是我们该如何理解这句话呢？现代读者的解释是：约伯认识到自己已无力回天，所以只好随便说些什么，好让这位暴君停止咆哮。这也是为什么上文的最后一句还有一种更为随意的译法："我为这些凡世的尘土而悲伤颤抖。"

在散文式的后记中（伯42:7–17）又出现了一段古代民间故事。耶和华谴责约伯的朋友，因为他们没有像约伯一样诚实。于是，耶和华重新赐福于约伯，双倍补偿他失去的财产。圣经律法要求偷盗的人要进行惩罚性赔偿（出22:4–9），这是否暗示了上帝也会做错事？最终，约伯又有了7个儿子和3个女儿，代替之前那些死于非命的儿女。像古时的长老一样，约伯以高龄善终。这似乎是一个皆大欢喜的结局，但转念一想，约伯那些死去的孩子呢？难道他们就为了证明上帝的正确而白白牺牲吗？

从智慧文学普世性的角度来讲，《约伯记》的角色设定具有深远的意义。约伯并不是以色列人，而是来自乌斯地（Uz），一个位于应许之地外围，名为以东（Edom）的地方。而《约伯记》的这位匿名作者虽然是以色列人，他的作品中也随处可见其他圣经文本的影子，有些是直接引用，有些是间接提及，但在约伯和朋友的对话中却从未出现过耶和华一词，这个词只在旁白中出现。更特别的是，《约伯记》全卷都没有明确提及圣经的主要人物和事件，无论是亚伯拉罕、摩西、大卫，还是西奈山和耶路撒冷。向约伯启示自己的这位上帝似乎不是历史之主，而是自然之神。这些缺失告诉我们，深奥的《约伯记》也许可以这样来解读：无论是民族的历史还是个体的历史，我们都难以看到它的真相，因此也无法昭示一位赏善罚恶的上帝的所作所为。

当然，解读方式不只一种，也不是非此即彼。可能是由于曾与超凡的造物主有过对话，约伯同许多宗教中的神秘主义者一样，将自己的一切献给了对超越他的上帝的信仰，在上帝面前，他的一切忧虑都微不足道。也许约伯那句模棱两可的话和书中悬而未决的问题是有意而为，因为比起那些模式化的回答，问题本身更加重要。

《约伯记》中的神义论对圣经中主导的神义论构成了挑战，这也再次说明圣经并非一个人的作品，而是多种观点的集合，吸引甚至迫使读者们自己去探寻其中的奥妙。

第十一章

“赞美名人”——旧约英雄儿女

标题中的引文出自犹太人便西拉的一首长诗的首句。此诗写于公元前2世纪早期，主要讲述圣经中大大小小的英雄人物，并收录于以作者名字命名的《便西拉智训》（the Book of Sirach，亦作Ecclesiasticus，天主教译名为“德训篇”）中，该卷书在基督教的正典目录中属于次经。便西拉用六章的内容（从《便西拉智训》44章第1节开始）介绍了圣经中那些“名垂圣史”的人物，其中包括《创世记》中的以诺和挪亚，以色列的先祖：亚伯拉罕、以撒、雅各，主要的领袖和先知：摩西、亚伦、约书亚、撒母耳、大卫、所罗门、以利亚、以利沙、希西家以及其他一些圣经中的重要角色。透过其中三个角色，我们就能了解到圣经的重要性和一些解读圣经的问题。

亚伯拉罕

谈到亚伯拉罕，便西拉曾说他是“多国的父”（《便西拉智训》44章19节，援引《创世记》17章4节）。上帝曾与亚伯拉罕立约，要使他的子孙多如海砂，并赐他子孙以产业——应许之地。在《创世记》12–25章之间，亚伯拉罕是故事的主角，配角有他的妻子撒拉和夏甲、儿子以实玛利和以撒，还有侄子罗得。亚伯拉罕的故事开始得很是突兀，耶和华似乎毫无缘由地呼召亚伯拉罕离开家乡，赶往一片新的土地——迦南。在那里，上帝又多次向他显现并重申对他的应许。

亚伯拉罕的故事有其神话的一面。他常常直接同耶和华对话，甚至曾应邀与耶和华一起进餐。然而，是否真有亚伯拉罕其人？还是像罗马帝国的创建者罗穆卢斯一样，只是一个传说中的人物？我们无从知晓。可以想见，圣经以外并没有同时期的资料可以证明《创世记》中人物和事件的真实性。这是有原因的，因为《创世记》将亚伯拉罕、以撒、雅各描绘成整日赶着羊群四处流浪的半游牧民，他们主要在当时的大城市外围地区活动，至多是那个时代舞台上的临时演员，不足以被官方史料所记载，更何况关于公元前第二个千年期间的迦南地区的官方史料也不多。圣经的叙事复杂，有很多层来源，种种材料可能来自那位传说中的亚伯拉罕之后的任何一个时代。一些线索也暗示着在圣经作者所使用的来源中，确实有一些真实的历史记忆，但是这些线索也仅仅是暗示而已。

更合理的做法也许是将亚伯拉罕视为一位理想中的先祖，因为他“信耶和华，耶和华就以此为他的义”（创15:6）。他总是顺服上帝的旨意，包括四处迁徙，接受割礼，甚至拿自己的儿子以撒献祭，难怪19世纪的丹麦哲学家索伦·克尔凯郭尔恰切地称他为“信心的骑士”。有时，亚伯拉罕也会质疑耶和华是否行为公正，为使上帝在惩罚索多玛城的罪人时不致累及无辜而与他争辩，这也正是《约伯记》所提出的问题。在这件事上，亚伯拉罕又成为了典范，一开与上帝争辩之先河，以致在他之后，摩西、约伯、耶利米等人也纷纷效仿。

亚伯拉罕的故事犹如接下来的圣经各书卷的引子。他是一国之父，上帝与该国立约，赐予了——至少是应许赐予——这个国家属于其自己的土地。该国与它的应许之地

“圣地”（亚2:12）之间的关系是圣经的主题，在后来的犹太民族史中，这个主题也在反复出现，那就是亚伯拉罕的后代是占有了这片土地，还是被掳掠至他处。

与此同时，作为现代甚至是后现代的读者，我们自然会注意到亚伯拉罕并非完人——他也会欺骗他人。他的妻子撒拉美貌非凡，当进入埃及地的时候，他怕埃及人见色起念，杀夫夺妻，就让撒拉说自己是他的妹妹。撒拉如此照做，结果被法老召进了后宫，而亚伯拉罕则幸免一死。我们排斥这种自私的说谎行为并不是要不合时宜地谈女权问题，而是因为在《创世记》中这个故事有另一个变体，故事说到亚伯拉罕并没有完全说谎，撒拉确实是亚伯拉罕同父异母的妹妹，真是难以置信！另外，亚伯拉罕心甘情愿按上帝要求以儿子献祭，尽管这一“义举”赢得了千古传颂，但却令人十分不解：他为什么没有质疑上帝这个残忍的命令？既然他曾经为了索多玛城的无辜者勇敢地与上帝争辩，为什么这一次他不为以撒求情？文本本身的复杂性使得许多这类问题都有待读者来解答。

亚伯拉罕，信心之父

犹太教、基督教和伊斯兰教都被称为“亚伯拉罕的宗教”，因为这三个宗教与亚伯拉罕有着血统上和精神上的双重传承。又因他的儿子以撒和孙子雅各，亚伯拉罕成为了以色列人的祖先，也就是犹太人的祖先。

耶稣是一个犹太人，而且他的血统可以直溯到亚伯拉罕。对于基督徒而言，亚伯拉罕是一个信心的楷模，是一个属灵的先祖。

亚伯拉罕的长子是以实玛利，他也是很多民族的祖先。其中一支就是阿拉伯人，这族人中有一位先知穆罕默德，是伊斯兰教的创始人。因此，与基督教类似，伊斯兰教在血统上也可以联系到亚伯拉罕，而且对于伊斯兰教而言，亚伯拉罕也是一个楷模，尤其是他对上帝的顺服（“伊斯兰”的意思就是顺服）。

从这三个宗教的典籍中也可以看出亚伯拉罕的重要性。在《创世记》的故事中，亚伯拉罕在25章就死了，但是在这之后，旧约中又有60余次提到他。在新约中也有60多次，《可兰经》中提到的次数则更多。

底波拉

虽然便西拉所列的名人里没有女性——看来他如果不是厌恶女性，就是一个大男子主义者，但圣经里不仅有男人的故事，从《创世记》开始，我们也遇到了几位巾帼英雄：她们有的独立自主，有的强壮彪悍，有的则直接与上帝对话并领导她的民族。诚然，圣经中有一些女性没有名字，比如挪亚的妻子、法老的女儿和约伯的妻子，这可能是古代圣经的作者受到了父权主义的影响，将男性视为女性的保护者，而女性只是男性的附属品。然而，圣经中还有100多位有名字的女性，包括女性的族长：撒拉、夏甲、利百加、利亚、拉结、悉帕和辟拉；女性先知：米利暗、户勒大和挪亚底；王后和王后的母亲：拔示巴、耶洗别和亚他利雅等。

圣经中有几位被提及姓名的女性，底波拉是其中之一，她可以被视为圣经中的女性的代表。底波拉是《士师记》中一个小片段的主角。《士师记》以一个过渡性的时期为背景，这一时期始于承摩西遗志，领以色列民进入应许之地的约书亚的去世，终于《撒母耳记上》中扫罗王朝的建立。《士师记》一名来源于其中所记载的12位“士师”。这个词指的是在古代以色列以及其他近东地区，集审判、军事和政治三职于一身的领袖。这12位士师中有11位是男性，唯一的例外就是底波拉，她同时也是一位先知。

关于底波拉的事迹，圣经中有两段重叠的记载。一是《士师记》4章的一段散文式的叙事；二是载于《士师记》5章的一段古老的诗歌，名为《底波拉之歌》。据《士师记》4章记载，由于迦南人压迫以色列民，当底波拉坐在棕树下行使审判职责时，她招来巴拉，指示他召集拿弗他利人和西布伦人的军队来与她一同进攻迦南人。在这场战役中，底波拉运筹帷幄，大败迦南人。大战之后，逃跑的迦南将军被另外一位女性雅亿所杀。

在这段散文式的叙事之后是一首诗歌，由底波拉和巴拉所唱的开头看来，这是一首胜利之歌。它是圣经中最为古老的诗歌之一，歌颂了耶和华如何与他的子民并肩作战。同之前的那段叙事一样，这首诗歌也提到了底波拉和巴拉率军作战取得胜利的故事，有人认为，前面的叙事可能源于这首诗。

底波拉与喇合、雅亿和大利拉等女性不同，她们虽然辅助盟友取得了胜利，但毕竟不是披挂上阵的战士，而底波拉却是运筹帷幄的女将领。在后来的犹太教和基督教的各种材料中，底波拉成为了女战士的原型。次经《犹滴传》中的犹滴以及圣女贞德就是以底波拉为原型。

我们对于底波拉本人所知并不多，《士师记》4章4节说她是“拉比多的妻”，由此看来她是一位已婚女性。但是这个短语又可以翻译成“火把似的女人”，刚好符合她极具煽动性的性格。无独有偶，巴拉这个名字意思是“闪电”。底波拉被称为“以色列的母”(《士师记》5章7节)，这个意思也颇为费解：她是否会是某个先知团体的领袖，或是某个权威人物，因为男性为“父”，所以女性自然为“母”？她是否真的已生儿育女，做了母亲？如果是这样的话，这首诗中可能会流露出对于底波拉超越了母亲和妻子身份的惊叹。

底波拉这个形象的出现使得一个极为复杂的问题再次浮出了水面，这就是古代以色列女性的地位问题。她可以成为先知、士师和战士是否是个特例呢？毕竟圣经有明确记载，迦南将军西西拉被一位女性杀害是奇耻大辱，但是除此之外，圣经的作者并未对底波拉立下战功表示惊讶。所以，我们要警惕夸大圣经时代男尊女卑的情况。无论如何，我们很庆幸可以看到一位女中豪杰率领以色列民兵作战的故事。

大卫王

大卫是以色列的第二个王，他建立了一个长达四个多世纪的王朝。大卫在圣经传统中随处可见，他本人以及被归于他名下的诗作占了相当多的篇幅，仅次于摩西。然而，大卫和摩西的情况类似，并没有独立的证据可以证明他是一位真实的历史人物，但绝大多数学者都认为，圣经对大卫生平的大部分记载都符合史实。

大卫从一个牧童成长为以色列王，并在位多年。对他生平的大部分叙述集中在《撒母耳记上》16章到《列王纪上》2章。和圣经中其他长篇叙事一样，这段记载也混合了多种来源。由于来源众多、内容庞杂，所以圣经所塑造的大卫有非常多面的形象。正如最近一本关于大卫的著作的副标题所概括的：他是“弥赛亚、谋杀者、叛徒和君王”。

大卫的生平可以概述如下：他生在伯利恒，是七兄弟中最小的，也不可能继承丰厚的遗产，所以他就参加了以色列第一位王扫罗刚组建的军队。他在军队中屡立战功，还娶了扫罗的女儿米甲。然而，他与扫罗最终决裂，于是大卫及效忠于他的手下转投以色列死敌门下，成为非利士人的雇佣兵。公元前11世纪末，扫罗在战场上死于非利士人刀下，大卫就势称王，首先是犹大支派的王，后又收服北方各支派，继而统治整个以色列王国，并指定耶路撒冷为新都城。据传，他的统治长达40年，这个数字可能是按套路凑的整数，但足以说明他在位的时间相当长。在这期间，他继续拓展疆域，在一定程度上，这是因为埃及和美索不达米亚等大国的国力在那个时期相对较弱。大卫晚年期间，众王子为夺取王位自相残杀，最后大卫临终前指定其子所罗门继承王位。

在大部分叙事中，大卫被描绘成一个天赋禀异，独具魅力的领袖，对其形象的刻画是多角度的。从大卫早年的英雄事迹和后来成就霸业的军事胜利来看，他是一个卓越的军事战略家；他很快在扫罗王庭中表现突出，虽曾为非利士人征战，却依然可以说服以色列南北众支派奉他为王，由此可见他是一位杰出的政客。大卫还是一个才华洋溢的诗人和音乐家。在《撒母耳记下》中有多首诗歌都被归于他的名下，其中有一首挽歌几乎可以确定出自其手笔。当他听闻扫罗及其子，同时也是大卫挚友的约拿单被非利士人杀害时，他悲痛不已，作此挽歌（撒下1:17–27）。正由于大卫写词谱曲的声名卓著，圣经中的众多诗作，包括《诗篇》中一半的作品都被归于他这位“以色列的美歌者”（撒下23:1）名下。

圣城耶路撒冷

《撒母耳记下》5章记载，当大卫即将开始他的统治时，他将都城从希伯仑迁至耶路撒冷。传统上认为希伯仑是亚伯拉罕和其家族的安葬之地，而耶路撒冷那时还不是以色列的城市，在大卫攻下之后成为大卫城。大卫为了给自己的统治提供一种宗教上的合法性，就将约柜运进了耶路撒冷城，因此大卫城也就成为了上帝的圣城。

大卫的儿子所罗门将圣殿建在耶路撒冷，所以这里就逐渐成为了古代以色列的宗教中心，也因此成为了犹太教地理上的中心。逾越节晚宴最后的祷告“明年到耶路撒冷”也说明了这个城市在宗教上的中心地位。圣经还提到所罗门建圣殿的位置就是当年亚伯拉罕用以撒献祭的地方（代下3:1），这更说明了耶路撒冷在宗教上的重要性。

耶稣作为一个遵守节期的犹太人，当然也要去耶路撒冷过逾越节。福音书告诉我们他在耶路撒冷城被捕、受难、埋葬，在基督教的教义中，他还在那里复活。由于这些重要事件都发生在耶路撒冷城，所以基督教也把这里视为圣地。

穆斯林出现得比基督徒晚，但是他们认为圣经基本上也是真主的启示。因为这座城与大卫、所罗门和耶稣有关，所以也是圣城。这座城市由于一些传说而在穆斯林心中的地位变得更加重要，据说穆罕默德曾被真主从麦加奇迹般地送到耶路撒冷，而且他还在那里被接到天上与真主交谈。

无论是对于犹太人、基督徒还是穆斯林，耶路撒冷一直以来都是一座重要的城市。因此这里成为中东地区的冲突焦点。这一切的直接原因就是大卫王在三千多年前定都于耶路撒冷。

对于大卫的描绘是基于各种证据，这些证据多为宣传大卫的盛名，但不全是。圣经还详细地描述了大卫的另外一面，这就是他与拔示巴的丑事。圣经在记载这一事件的开篇写道：“过了一年，到列王出战的时候……大卫仍住在耶路撒冷”（撒下11:1）。此时大卫的军队正带着约柜，穿越约旦河，围攻亚扪首都拉巴。叙述者的言外之意就是真正的君王应该御驾亲征，但是大卫却没有。他留在了耶路撒冷，因而窥见了将军乌利亚的妻子拔示巴洗澡，并与她发生了关系，之后他还紧急召回正在前线奋战的乌利亚，这样拔示巴腹中的孩子就是她丈夫的了。乌利亚回来后也无心留恋温柔乡，于是大卫将他送回前线，一纸密令将乌利亚送入了战场上最危险的位置，使他孤立无援，最终在激战中被杀。身为勇士、君王、诗人的大卫同时也是一位通奸者、一个借刀杀人的刽子手。大卫的恶行受到了先知拿单的强烈谴责。圣经的作者毫无隐讳地告诉我们这一切，并将大卫塑造成了一个劣迹斑斑的英雄。

在大部分叙事中，大卫是一个毁誉参半人物，然而，后续的文献却有些文过饰非。《列王纪》的作者把他作为君王的楷模和评价该王朝历任统治者的准绳，而这些评价往往都是负面的。成书于公元前四五世纪的《历代志》也重述了大卫的故事。这个版本虽然以上下两部《撒母耳记》为主要材料，但对负面内容只字未提，例如拔示巴事件，大卫儿子押沙龙的反叛等等。最终，由于大卫王朝以和平繁荣而名垂后世，也是上帝所特别赐福的一个时代，所以后人心目中的明君都以这位“雅各神所膏的”（撒下23:1）大卫为原型。

一位匿名的早期基督徒也写了一份与便西拉作品类似的英雄谱，最后以“见证人，如同云彩”[1]，无法计数结笔。

1 引自《希伯来书》12章1节。

我又何必再说呢？若要一一细说，基甸、巴拉、参孙、耶弗他、大卫、撒母耳和众先知的事，时候就不够了。他们因着信，制伏了敌国，行了公义，得了应许；堵了狮子的口。灭了烈火的猛势，脱了刀剑的锋刃；软弱变为刚强，争战显出勇敢，打退外邦的全军。（来11:32–34）

无论是对于这位作者还是便西拉，这些人物都是英雄楷模，是信徒心中永远的英雄。许多英雄的文学形象早已深入人心，他们的故事令读者神往，也跨越了信仰的边界，成为了作家、艺术家和作曲家们的灵感源泉。

第十二章

旧约的影响

参观博物馆的人或许是游客，他们希望更广泛深入地了解文化。近两千年来，圣经成为了各种艺术家的灵感之源，其中包括雕塑家、画家、剧作家、小说家、音乐家、舞蹈家等等。他们以各自的方式来选择并解读圣经中的人物事件。圣经对于艺术的影响深远，以圣经为蓝本的艺术作品数不胜数。以《约伯记》为例，许多作家的作品中都暗含了《约伯记》的主题，这些作家包括梅尔维尔、陀思妥耶夫斯基、卡夫卡和萨缪尔·贝克特。仅是20世纪就有许多作家的数十部小说和戏剧以《约伯记》为蓝本，其中包括H.G.威尔斯、缪丽尔·斯巴克、尼尔·赛门、罗伯特·弗洛斯特、罗伯特·海因莱因和阿契博得·麦克列许。最近有人编撰了约伯相关作品的全集，其中列举了公元3世纪到20世纪的150部与《约伯记》相关的文艺作品。

圣经在流行文化中也不断放射异彩，电影、歌曲、音乐剧（这其中也有一部基于《约伯记》）中都有它的影子。日常话语中也随处可见圣经词汇，多是一些老套的用语，其来源也不可考，如《约伯记》19章20节的“牙皮”一说。此外，圣经对法律、医药、科学和政治等领域也有或好或坏的影响。

其实并不一定要熟悉或者笃信圣经才能欣赏这种种文化上的关联。就像在听以圣经为歌词的巴赫的康塔塔，我们既可以在音乐厅欣赏，也可以到教堂聆听。勃拉姆斯的《德意志安魂曲》甚至原本就是为了在音乐会上演奏，而不是用于葬礼，伯恩斯坦的《弥撒曲》也是为了舞台演出而作，所以艺术家无须去表达某种宗教意蕴，他们可以不断借用圣经来进行艺术创作。圣经的人物、故事和理念已然融入我们的文化，了解这些元素可以令我们更好地了解过去，进而了解我们自己。

从某种意义上而言，博物馆的观众也可能是朝圣者。同样一本书，无论是犹太人所说的希伯来圣经还是基督徒口中的旧约，虽然在内容和顺序上有些差异，却始终是一部神圣的典籍，有着特别权威。圣经的重要意义犹如公理一般不证自明。当众信徒在宗教仪式上聆听和诵读圣经时，就好像听到了蒙特威尔第的弥撒曲和巴赫的康塔塔。

虽然圣经内容很复杂，但自古以来的信徒和宗教团体都将它视为单独的一本书，作者只有一位上帝。然而，旧约之中混合着各种声音。因此对于阐释旧约而言，最关键的问题是如何倾听这些不同的声音。我们是应该像现代批判学学者提倡的那样，抽丝剥茧，厘清每个声音所表达的内容呢，还是像在此之前和之后的一些学者希望的那样，从整体的角度来聆听众多声音构成的复调式乐章？也许二者都是必要的，也是可能的。

比如上帝有时施行惩罚会累及多代人，如十诫中明确提到：

> 不可跪拜那些像；也不可事奉它，因为我耶和华你的神，是忌邪的神。恨我的，我必追讨他的罪，自父及子，直到三四代；爱我、守我诫命的，我必向他们发慈爱，直到千代。（出20:5–6）

然而，上帝这种诛连后代的惩罚方式与其他地方的记载却明显相矛盾，如先知以西结所言：

惟有犯罪的，他必死亡。儿子必不担当父亲的罪孽，父亲也不担当儿子的罪孽。义人的善果必归自己，恶人的恶报也必归自己。（结18:20）

对于这位先知而言，上帝赏善罚恶也应当符合以色列的律法，律法规定“不可因子杀父，也不可因父杀子；凡被杀的都为本身的罪”（申24:16）。在《以西结书》中，我们的思想进一步发展，即使是与前面完全矛盾的条文也可以被奉为戒律和上帝之言。

从上述例子看来，旧约中众多的声音常常不协调，这就需要读者来阐释。也正因如此，任何一种“旧约上说”的论调都不可取。这种论调之下，圣经就变得只有一种声音。正如莎士比亚所看到的，就连“魔鬼也会引证圣经来替自己辩护”（《威尼斯商人》第一幕第三场）。政客、学者、教皇都可以不顾原意和语境，将经文信手拈来，为己所用。也没有哪个信仰团体会认为圣经的每一条命令都要谨守遵行，因此所谓圣经是绝对的、永恒的权威这一说法，无论是在圣经里还是在其后的宗教历史中都是站不住脚的。

一部权威经典和奉其为权威的团体之间其实有着复杂的关系。经典使得团体得以建立，成为团体的信条、价值观和实践准则。另一方面团体也实实在在地塑造着经典。除了在抽象层面，文本本身不具有权威性，它从特定的团体获得了权威。该团体——以圣经为例则是若干相关团体——随着自身的历史发展，圣经的权威也不断得到累积，对圣经进行的扩充、修订、阐释、再阐释、修改，甚至摒弃某些圣经传统的行为也被赋予了权威。这些过程还在持续，古代的文本被不断调整以适应新环境，文本过去的意义和现在的意义相互交织。圣经中的多种声音来自不同的时代和环境，恰恰由于这些不同的声音，才有了上述各种编订的过程。因此，首先是圣经本身赋予了这些过程以权威。

由此可见，品读圣经之路颇为崎岖，却也获益良多。虽然旋律不同，但主题只有一个，那就是称颂耶和华，以色列的上帝，一位不可捉摸却有血有肉的上帝，一位高高在上却俯就世人的上帝。

大事年表

时期*	事件与人物	圣经出处**
第二个千年早期或中期（？）	以色列的列祖：亚伯拉罕、以撒、雅各	《创世记》
13世纪（？）	出埃及：摩西	《出埃及记》–《申命记》
第二个千年晚期	以色列人出现于迦南地之上	《约书亚记》、《士师记》
11世纪晚期–10世纪晚期	建立王国：撒母耳、扫罗、大卫、所罗门	《撒母耳记上下》、《列王纪上》1–11章
10世纪晚期–8世纪中期	王国分裂为以色列和犹大	《列王纪上》12章–《列王纪下》14章
9世纪中期–7世纪中期	亚述控制近东	《列王纪下》15–23章、《阿摩司书》、《何西阿书》
722年	亚述击败北国以色列，摧毁其首都撒玛利亚	《列王纪下》17章、《以赛亚书》1–12章、《弥迦书》

（续表）

时期*	事件与人物	圣经出处**
701年	亚述进攻南国犹大，包围了首都耶路撒冷，但并未攻下	《列王纪下》18–20章（=《以赛亚书》36–37章）、《以赛亚书》1章7–9节，10章5–11节
622年	犹大王约西亚改革	《列王纪下》22–23章
7世纪晚期–6世纪中期	巴比伦控制近东	
597年	巴比伦王尼布甲尼撒第一次包围耶路撒冷	《列王纪下》24章10–17节
586年	耶路撒冷被尼布甲尼撒所毁，百姓被掳巴比伦	《列王纪下》25章、**《耶利米书》、《以西结书》**
6世纪中期–4世纪晚期	波斯控制近东	
538年	部分被掳百姓回归犹大	《以斯拉记》–《尼希米记》
4世纪晚期–1世纪早期	希腊控制近东	**《但以理书》、《便西拉智训》**
168年	马加比革命	《马加比传上下》
63年	罗马将军庞贝攻占耶路撒冷	

*所有的日期都是公元前；问号代表该日期仍有争议或者无充分证据支持。

**正常字体为该书卷所叙述的年代，黑体为该书形成的年代。

附录

《希伯来圣经》与基督教各宗派《旧约》篇目对照

犹太教	基督教		
《希伯来圣经》（泰纳克）	**《旧约》**		
	新教	天主教	东正教
妥拉	**摩西五经**		
创世记	创世记	创世记	创世记
出埃及记	出埃及记	出埃及记	出埃及记
利未记	利未记	利未记	利未记
民数记	民数记	民数记	民数记
申命记	申命记	申命记	申命记
先知书	**历史书**		
前先知书			
约书亚记	约书亚记	约书亚记	约书亚记
士师记	士师记	士师记	士师记
撒母耳记上下	路得记	路得记	路得记
列王纪上下	撒母耳记上下	撒母耳记上下	撒母耳记上下

（续表）

犹太教	基督教		
《希伯来圣经》（泰纳克）	**《旧约》**		
	新教	天主教	东正教
后先知书			
	列王纪上下	列王纪上下	列王纪上下
以赛亚书	历代志上下	历代志上下	历代志上下
耶利米书	以斯拉记	以斯拉记	以斯拉记
以西结书	尼希米记	尼希米记	以斯拉（续篇）上
十二小先知书			
	以斯帖记	多比记	以斯拉（续篇）下
何西阿书		犹滴传	尼希米记
约珥书		以斯帖记	多比传
阿摩司书		马加比传上	犹滴传
俄巴底亚书		马加比传下	以斯帖记
约拿书			马加比传上
弥迦书			马加比传下
那鸿书			马加比传三
哈巴谷书	**诗歌智慧书**		
西番雅书	约伯记	约伯记	约伯记
哈该书	诗篇	诗篇	诗篇
撒加利亚书			诗篇151
玛拉基书			玛拿西祷词
圣经	箴言	箴言	箴言
诗篇	传道书	传道书	传道书
箴言	雅歌	雅歌	雅歌
约伯记		智慧书	德训篇

（续表）

犹太教	基督教		
《希伯来圣经》（泰纳克）	**《旧约》**		
	新教	天主教	东正教
五卷	先知书		
路得记	以赛亚书	以赛亚书	以赛亚书
耶利米哀歌	耶利米书	耶利米书	耶利米书
传道书	耶利米哀歌	耶利米哀歌	耶利米哀歌
以斯帖记		巴录书	巴录书
但以理书			耶利米的书信
以斯拉记	以西结书	以西结书	以西结书
尼希米记	但以理书	但以理书	但以理书
历代志上下		但以理补篇	但以理补篇
	何西阿书	何西阿书	何西阿书
	约珥书	约珥书	约珥书
	阿摩司书	阿摩司书	阿摩司书
	俄巴底亚书	俄巴底亚书	俄巴底亚书
	约拿书	约拿书	约拿书
	弥迦书	弥迦书	弥迦书
	那鸿书	那鸿书	那鸿书
	哈巴谷书	哈巴谷书	哈巴谷书
	西番雅书	西番雅书	西番雅书
	哈该书	哈该书	哈该书
	撒加利亚书	撒加利亚书	撒加利亚书
	玛拉基书	玛拉基书	玛拉基书
			（马加比传四）

译者注：正典译名以《圣经》和合本为准（两会，南京，2007），次经译名以张久宜的《圣经后典》为准（商务印书馆，1999）。